LES ESSAIS PHYSIQVES DV S^R DE LAVNAY.

LIVRE PREMIER.

DV MONDE EN GENERAL.

DISSERTATION PREMIERE sur les questions preliminaires de la Physique.

IL est si naturel à l'homme de contempler le monde, qui est le lieu de sa demeure, & il luy est si auantageux d'éleuer son esprit à la connoissance de Dieu par celle des creatures, qu'il ne peut cultiuer auec trop de soin les sciences Physiques, pour découurir tous les estres corporels & sensibles qui sont soûmis à son Empire. En effet, ce Souuerain de la nature ne pourroit faire seruir à sa felicité toutes les parties de l'Vniuers qui sont faites pour son vsage, s'il n'en auoit la connoissance par vne science qui merite d'estre preferée à toutes les autres.

La Morale à la verité luy est tres-necessaire pour luy prescrire ce qu'il doit faire & ce qu'il doit éuiter : mais comme il se faut bien connoistre par la science pour se bien regler par la vertu, on ne peut douter que la Morale ne soit dependante de la Physique, qui est la premiere, la plus ample & la plus curieuse partie de la Philosophie. C'est ce qui m'a determiné de m'appliquer alternatiuement à l'explication de ces deux importantes sciences ausquelles se rapportent toutes les autres, afin que l'vne nous apprenne ce qui se fait dans la nature, & l'autre ce qui se passe dans la vie ciuile; que par l'vne nous soyons sçauans, & que par l'autre nous deuenions vertueux, & qu'ainsi nous possedions les deux plus grandes perfections qui se peuuent acquerir en cette vie.

Commençons par la Physique ou Physiologie, que nous definissons, La science des choses naturelles, c'est à dire, vne connoissance certaine & euidente de toutes les creatures corporelles qui composent ce grand Vniuers. Comme la Theologie naturelle contemple les substances spirituelles, & particulierement Dieu, dont elle emprunte son nom; la Physique a pour obiet formel les choses materielles; de sorte que celle-cy est proprement la science des corps, comme l'autre est la science des esprits.

La Physique est vne science speculatiue, d'autant que celuy qui contemple la diuine structure de toutes les parties du monde, & la regularité de ses mouuemens, n'a pas la vanité ny la pensée de produire des effets semblables aux ouurages de Dieu. Le Physicien se contente d'admirer l'art & l'industrie merueilleuse dont ce souuerain Artisan du monde s'est seruy dans la production & dans la disposition de toutes ses creatures, de la mesme façon que nous examinons l'ingenieuse inuention & l'artifice d'vne horloge, d'vn vaisseau, ou de quelque rare machine, encore que nous ne pretendions point à la gloire de les auoir inuentées, & que nous n'ayons point le dessein de les copier.

Quoy que la Magie naturelle, la Chymie, la Medecine, & souuent les Mechaniques se seruent des principes de Physique pour trauailler heureusement à l'execution des ouurages de la nature & de l'art, comme nous en auons des exemples en ces deux grands hommes, Architas & Dedale; cela n'empesche pas que la Physique ne soit contemplatiue de sa nature: Ce sont les Physiciens qui par accident la rendent pratique dans l'application des choses naturelles, qui produisent par leur propre vertu des effets que nous attribuons mal à propos aux artisans qui les disposent. Ils ne sont pas la cause des effets qu'ils produisent, ny des machines qu'ils font mouuoir, non plus que celuy qui seme le bled n'est pas la cause qui le fait germer, ny celuy qui allume le feu n'est pas la veritable cause de l'incendie qui brûle la maison.

Il faut dire la mesme chose du trauail qu'vn sage & industrieux Physicien employe à dissoudre les corps dont il recherche la composition, & dissequer les parties des animaux dont il desire auoir la connoissance, & obseruer les astres par ses instrumens; en vn mot, à faire toutes les experiences qui luy seruent pour establir des principes certains dans la Physique.

I'adiouste encore que tout de mesme que l'exercice qu'vn Docteur prend à fueilleter des liures ne rend pas la Theologie pratique, ainsi l'operation du Physicien n'empeschera pas la Physique d'estre contemplatiue. La nature est le liure du Physicien, il n'y peut rien apprendre s'il ne la regarde que par dehors, comme les Philosophes de l'Escole; il faut qu'il l'ouure, qu'il la penetre, qu'il en repasse souuent les experiences par ses mains aussi bien que par son esprit, s'il en veut découurir les secrets.

La peine qu'il faut prendre à la recherche des verités Physiques, a donné lieu à Ciceron de comparer fort elegāment le Naturaliste au Chasseur. Comme celuy-cy doit estre habile, vigilant & laborieux pour découurir son gibier, l'obseruer dans ses tours & détours, & le suiure de si prés qu'il le prenne; de mesme vn bon Physicien doit veiller, obseruer, & enfin poursuiure la verité, qui est son but, iusques à ce qu'il s'en soit rendu le maistre, & qu'il la possede parfaitement.

Origine & progrés de la Physique.

Les sciences ayans passé des Grecs aux Romains, qui les ont répanduës dans toute l'Europe, on donne à Thales la gloire d'auoir inuenté la Physique, pour auoir esté l'vn des plus curieux & des plus sçauants obseruateurs des effets de la nature. Cependant cette science est aussi vieille que le monde, puisque les premiers hommes se sont portés par vne curiosité qui leur est naturelle, à la contemplation des creatures sensibles, & à la recherche de leurs causes.

Plutarque & plusieurs anciens nous apprennent que les hommes commencerent à reconnoistre vn Dieu par le mouuement regulier des astres, par la succession reglée des ans, des iours & des nuits, & par la generation & corruption des choses viuantes. Ils reconnoissoient le Ciel pour pere des choses d'icy bas, parce qu'il répandoit ses eaux sur la terre comme la semence de toutes choses, & la terre pour mere, d'autant qu'elle conceuoit & nourrissoit dans son sein toutes les choses viuantes. Cette pensée a esté suiuie par Virgile dans ses Georgiques, où il l'explique noblement par ces Vers,

Vere tument terræ, & genitalia semina poscunt,
Tum pater omnipotens fœcundis imbribus æther
Coniugis in gremium lætæ descendit, & omnes
Magnus alit magno commistus corpore fœtus.

C'est auec raison que Thales a esté reconnu pour estre inuenteur de la Physique, ayant expliqué le premier clairement & amplement les effets de la nature. Auant cet illustre Philosophe, les Poëtes en auoient parlé (dit Aristote) auec tant d'obscurité, & si fabuleusement, qu'ils entendoient seuls ce qu'ils vouloient dire, sans se mettre en peine si les autres hommes penetroient leur mysterieuse Philosophie. Ils attribuoient aux Dieux toute sorte d'effets, sans en rechercher les causes naturelles; ils enseignoient que la peste estoit vne marque de la colere d'Apollon, que Mars offensé estoit la seule cause des guerres, que Venus outragée estoit l'vnique raison de la sterilité des femmes ou de la production des monstres, & que Minerue fauorable inspiroit la prudence aux hommes, comme elle auoit fait à son cher Vlysse.

Nihil est nisi fabula cœlum.

Thales voyant les erreurs de cette fabuleuse doctrine, se rendit fameux en detrompant les peuples credules. Il commença d'attribuer les causes veritables de ces effets, à la nature, soustenant ouuertement que la corruption de l'air estoit cause de la peste, que les passions des hommes excitoient les guerres, que le bon temperament du corps & l'estude formoient la prudence, & qu'enfin sans consulter l'oracle sur vn prodige qui arriua par la naissance d'vn monstre qui auoit vne teste d'homme sur vn corps de cheual, il respondit & prouua que cela ne pouuoit venir que d'vne conionction dereglée, & donna conseil pour obuier à ce desordre, de ne pas commettre des Pasteurs à garder des harats de caualles, sans se mettre en peine d'offrir des sacrifices aux Dieux irrités.

Anaxagore & tous les bons Physiciens ont imité Thales, en ostant aux hommes la superstition & l'idolâtrie des fausses Diuinitez, en découurant les causes naturelles de tous les effets qu'ils croyoient prouenir de la colere de leurs Dieux. Ce qui les disposoit beaucoup au culte de la vraye Religion, qui ne reconnoist qu'vn seul Dieu autheur de la nature, lequel suit ordinairement l'ordre qu'il a estably dans les causes secondes. Plutarque rapporte sur ce suiet vne histoire assez curieuse: Il dit qu'vn mouton qui n'auoit qu'vne corne au milieu du front, fut presenté à vn augure, lequel interrogé, ce que signifioit ce prodige, répondit que c'estoit vn signe que des deux factions de Pericles & de Thucidide, qui estoient pour lors dans Athenes, celle-là preuaudroit qui seroit plus prés du lieu où ce mõstre auoit pris naissance. Mais Anaxagore, qui estoit vn veritable Physicien, en rendit bien vne meilleure raison ; car en faisant la dissection de cet animal, il trouua que la teste auoit la figure d'vn œuf ce qui luy fit dire que le cerueau allõgé & pressé par la disposition de l'organe estoit la cause naturelle & necessaire de l'vnique corne que cet animal auoit au front. Ciceron fait allusion à la doctrine de ces grands Philosophes, refutant les deuinations ; il demande, si on auroit peu persuader à Thales, ou au sçauant Anaxagore, que le fleuue Aratus s'estoit conuerty en sang, & que les simulacres des Dieux auoient sué, à eux, dit-il, qui estoient de grands Philosophes qui sçauoient que le sang & la sueur ne peuuent découler que du corps des animaux.

Ce n'est pas que plusieurs Philosophes, apres Thales, n'ayent imité les Poëtes anciens, comme Empedocle, Xenophane, & Parmenides, qui ont remply leur Philosophie écrite en vers de tant de fictions, qu'ils ont obscurcy la verité, en prenant les noms des Dieux pour signifier les choses dont ils vouloient parler. Ils appelloient le Ciel Iupiter; l'air, Iunon; l'arc en Ciel, Iris, les eaux Neptune, les enfers Pluton, la Iustice Themis, &c. Ce qui a donné lieu à les faire passer pour les Theologiens du Paganisme.

Apres le fameux Pythagore, qui a continué à s'expliquer par symbole, en voilant toutes les veritez de sa Philosophie pour la rendre plus mysterieuse, nous auous veu paroistre dans les sçauantes Echoles de la Grece, plusieurs grands Philosophes, qui ont commencé à déuoiler les sciences Physiques, & à raisonner intelligiblement sur toutes les choses naturelles.

Nous considererons entre ces illustres Philosophes le sçauant Leucipe, estimé pardessus tous les Physiciens de son temps par l'incomparable Epicure. Democrite a succedé à Leucipe, en reputation, comme en doctrine, & a esté si fameux chez les Grecs, qu'il n'a pas esté moins estimé que le sçauant Anaxagore. Nous apprenons dans la vie de ce Philosophe, qu'Hypocrate le visitant le trouua occupé à rechercher les causes de la bile & de la colere dans la dissection qu'il faisoit faire de plusieurs animaux. Nous y lisons encore vne chose qui a donné de l'admiration au diuin Hypocrate ; c'est lors qu'on luy presenta du lait pour en iuger, il connut sur le champ qu'il auoit esté tiré d'vne chévre noire apres sa premiere portée : ce qui fut aussi-tost confirmé par celuy qui l'auoit apporté, d'où l'on peut conclure que les Philosophes de l'antiquité estoient aussi bons Anatomistes & obseruateurs que les modernes, qui se persuadent d'estre les premiers Philosophes seuls Anatomistes fondez en experience, parce qu'ils ignorent ce qu'ont fait les Anciens qui les ont precedez. Ie ne veux point d'autre raison de cette verité que la dépense qu'Aristote fit faire à Alexandre pour fournir aux experiences necessaires à connoistre la nature des animaux, dont il a si bien écrit.

Le dessein que i'ay de suiure les principes de Democrite pour expliquer la Physique, m'engage à faire parler Velleius chez Ciceron en sa faueur. Voicy ses termes? Que diray-ie de Democrite ? que pourrons nous comparer auec luy, tant pour l'excellence de son esprit que pour la grandeur

de

de son courage qui luy ont fait entreprendre l'explication de tout ce qu'il y a dans l'vniuers, sans rien excepter dont il n'ait parlé. Qui est celuy qui ne preferera pas vn si bon Philosophe à Cleanthe, à Crisipe, & à tous ceux qui l'ont suiuy, qui ne peuuent estre mis en parallele auec vn si grand Maistre, sans estre placez au dernier ordre. Aristote le prefere à Platon, & dit que cet Autheur tout diuin qu'il est, n'a pas seulement touché la superficie de toutes les choses naturelles que l'autre a traitées à fond, tant il est vray que ce grand Philosophe dont nous receuons la doctrine, n'a rien laissé eschapper à ses curieuses obseruations.

Epicure ce grand genie de la Grece, ce fameux Interprete de la nature, est venu apres ces sçauants Physiciens, & a trauaillé si glorieusement & si vtilement sur leurs principes, qu'il les a non seulement égalez par sa doctrine & par ses ouurages, mais surpassez en tant d'occasions, qu'il a adioûté à leur doctrine tout ce qu'on y pouuoit desirer pour sa perfection. Il a penetré si auant dans les plus profonds mysteres de la nature, & il a si bien expliqué les causes de tout ce qui se fait dans l'vniuers, qu'il a esté le plus grand Physicien de tous les Anciens. C'est pourquoy apres auoir longtemps examiné quelle Secte i'embrasserois plus volontiers; i'ay resolu de suiure ses principes auec le docte Gassendi, quand ils seront conformes au Christianisme & aux bonnes mœurs. Mon dessein pourtant n'est pas de m'attacher à vne doctrine particuliere des Philosophes anciens ou modernes, à cause de leur authorité, mais par le poids & par la force de leurs raisons, & pour l'amour sincere que i'ay d'embrasser la verité & la receuoir de bonne foy de toute sorte d'Autheurs, & la rechercher par diuerses experiences.

Ie sçay qu'Aristote ne passe pas dans l'esprit de tout le monde pour le Prince des Philosophes en Physique, comme dans les autres parties de sa Philosophie, & de ses autres ouurages, où il a excellé par dessus tous les anciens Escriuains; & ie trouue qu'il n'a pas esté mal representè dans vne ancienne medaille, où il est peint d'vn costé, & la nature de l'autre, qui est voilée à son égard, pour nous donner à connoistre qu'il ne l'auoit pas bien expliquèe. Mais cela ne m'ẽpeschera pas d'estimer sa doctrine en beaucoup d'endroits, & d'accorder ses principes auec les nostres. I'ay tousiours pensé que toutes les opinions des Philosophes, & à plus forte raison celles qui sont vniuersellement receuës, ont quelque chose de bon, & qu'elles se peuuent accorder assez souuent quand elles sont fauorablement expliquées, & sans l'enuie & la ialousie qui est ordinaire parmy les sçauants. La Physique d'Aristote est d'autant plus facile à concilier auec les autres principes & systemes des Philosophes, qu'elle est generale, comme nous le ferons voir dans l'examen de ses principes Physiques.

Ie ferois tort à celuy qui passe dans les Echoles pour le Philosophe par excellence, de taire la loüange que Laerce luy donne, en disant qu'il est vn des premiers Philosophes qui a fait vne Physique vniuerselle, qui examine iusques aux moindres corps de l'Vniuers. Ciceron confirme cette verité à l'auantage d'Aristote & de son disciple Theophraste, en ces termes. Aristote, dit-il, a examiné la generation, la vie & les figures de tous les animaux,

& Theophraste a recherché curieusement les causes des Plantes. Albert le grand, & apres luy saint Thomas ont si bien restably sa reputation dans le Christianisme, où elle auoit esté entierement décriée, que sa doctrine est plus vniuersellement receuë que celle de tous les autres Anciens. Mais l'opinion Peripateticienne fleuriroit encore bien dauantage, s'il ne s'estoit trouué dans les derniers siecles & de nostre temps, des Philosophes modernes sçauants & curieux, comme ont esté Baron, Galilée, Descartes, Gassendi, & les Chymistes, qui ont combattu ses principes, dont on semble à present se détromper peu à peu. Ils consentiront facilement qu'il soit le Prince des Philosophes; mais qu'il ne regne que dans l'Vniuersité, & qu'il n'entreprenne pas d'asseruir les esprits qui sont libres, à ses opinions, & à ses seules methodes de philosopher. Ils le feront tousiours passer pour vn bon Prince, quand ils le verront aussi pacifique que son conseil de Sophistes l'a rendu chicaneur par le passé. Pour moy ie viuray bien auec luy quand il s'accordera auec le bon sens; ie le reconnoistray pour souuerain dans l'Empire des Lettres, quand il regnera moins par l'authorité que par la force de la raison.

Ie pretends dans ma Physique examiner toute sorte d'opinions, tant des anciens que des modernes, & m'exempter autant que ie pourray, de la seruitude des Autheurs, & de la partialité qui est plus propre à fomenter la contestation des Escoles, qu'à trouuer la verité & plaire aux honnestes gens.

Voyons maintenant quelle est la fin de la Physique, & les auantages que l'homme en peut attendre pour viure heureusement. Nous les rapporterons à trois, à la tranquillité de l'esprit, à la moderation des passions, & à l'innocente volupté, qui est vne suite des contemplations Physiques.

Refutation des sentimens d'Epicure.

La doctrine d'Epicure tirée du dixiéme Liure de Laerce, est impie, quand il parle des auantages que l'on retire de la Physique. Il est besoin de la rapporter en termes exprés pour la mieux refuter. Si nous n'estions point troublez, dit-il, par la crainte des choses qui se passent au dessus de nous, ny intimidez de la mort, & de ce qui la doit suiure; si nous sçauions discerner quelles sont les fins legitimes & les bornes des plaisirs & de la douleur, nous n'aurions point besoin de la Philosophie. Mais (continuë-il apres) il ne se peut faire que celuy-là gouste la vraye felicité de la vie, qui est épouuanté par mille terreurs paniques qui luy viennent de l'ignorance des causes naturelles, & de la credulité qu'il a pour les fables. Il poursuit les mesmes raisonnemens dans ses Lettres à Herodote & à Pythocles, desquels nous pouuons conclure que la Physique procure la tranquillité de l'esprit par trois raisons qu'il explique. La premiere, parce qu'elle fait connoistre tout ce qui se fait dans la nature, en expliquant les causes des Cometes, des Tonnerres, des tremblemens de terre, & generalement de tous les effets surprenants qui ont de coustume d'épouuanter le vulgaire ignorant. La seconde, parce qu'elle vous monstre, suiuant la pensée de ce Philosophe, que l'ame est mortelle, & qu'ainsi elle nous affranchit du ioug de la Religion en nous deliurant de la crainte des enfers & de la peine qu'il faut prendre pour acquerir la felicité eternelle, dont il faisoit vne fable. La troisiesme & derniere raison est, que la Physique fait voir à l'homme que la nature a besoin de tres-peu de choses, & faciles à acquerir, afin que par ce moyen il se deliure des violentes passions qu'il a de posseder des richesses, des honneurs & toutes sortes d'autres biens dont les desirs immoderés le tourmentent.

Torquatus chez Ciceron fauorise l'impieté d'Epicure, disant que la Physique donne des forces contre la crainte de la mort, & de la constance contre les terreurs de la Religion. Lucrece confirme cette pernicieuse doctrine, par des Vers qui témoignent son indignation contre les ames timorées.

Nam veluti pueri trepidant, atque omnia cœcis
In tenebris metuunt, sic nos in luce timemus
Interdum, nihilo quæ sunt metuenda magis quam
Quæ pueri in tenebris pauitant, finguntque futura,

& conclud apres.

Hunc igitur terrorem animi tenebrasque necesse est
Non radiŷ solis, neque lucida tela diei
Discutiant, sed naturæ species ratioque.

Quoy que la tranquillité d'esprit & l'affranchissement de la seruitude des passions, soient des choses autant excellentes que desirables ; toutefois la maniere dont Epicure nous les veut procurer, est impie & detestable. C'est pourquoy ie ne m'arresteray point à les expliquer fauorablement, en disant qu'il a parlé contre la superstition des Idolâtres, & non pas contre la vraye Religion, qui luy fait dire chez Seneque, qu'il faut adorer Dieu comme le Pere commun de toutes choses. Ie demeureray d'accord qu'il a esté assez libertin pour auoir voulu que la Physique eust pour but d'estouffer tout sentiment de Religion, vraye ou fausse, afin de nous deliurer de la crainte importune des Dieux & de leurs chastimens, qui troubloient le repos de la vie de ceux qui n'estoient pas Physiciens.

Ie croy que cette scandaleuse opinion a donné lieu à vn prouerbe dangereux & faux, qui dit, Bon Physicien, mauuais Chrestien.

Pour refuter ces erreurs, il n'y a qu'à considerer qu'il n'est pas seulement vray-semblable que la Physique soit contraire à la Religion, à laquelle elle est si fauorable, que l'Escriture nous apprend en plusieurs endroits, que nous n'auons point d'autre moyen naturel de connoistre Dieu que par ses ouurages sensibles, qui sont l'obiet de la Physique. Les creatures sont comme autant de bouches & de langues qui nous annoncent & nous declarent l'existence de leur Createur, auec vne necessité indispensable de l'honorer par le culte de la vraye Religion. C'est à la Physique qui contemple curieusement les ouurages de l'Vniuers, à prouuer par l'étenduë, la disposition, la varieté & la beauté de ses parties, qu'il y a vne Diuinité tres-sage, tres-puissante & tres bonne, qui l'a creé & ordonné, qui le meut & le conserue, ainsi que nous le prouuerons amplement en discourant de la Prouidence diuine.

Ie voudrois bien demander à ces Critiques scrupuleux qui soupçonnent les Physiciens d'impieté, qui peut mieux iuger de l'ouurier, que ceux qui examinent & estudient tous les iours auec admiration ses ouurages ? Comme nous voyons que les curieux qui se connoissent en tableaux, sçauent mieux estimer les Peintres fameux que le peuple; ie croy que les Physiciens sçauront mieux connoistre & adorer Dieu que les ignorans.

La Physique bien loin de nous ietter dans l'atheisme ou l'irreligion, nous manifeste si clairement vne Diuinité qui merite d'estre adorée, qu'elle rend les hommes coupables d'vne vanité criminelle, s'ils rampent perpetuellement dans la recherche des ouurages de Dieu, sans s'éleuer à la connoissance de l'ouurier, ou si l'ayant reconnu, ils ne le glorifient pas comme ils y sont obligés, suiuant le témoignage infaillible de l Escriture.

Il est bien vray qu'elle bannit entierement de nostre esprit l'idolâtrie des Payens, & les terreurs de leurs fausses religions, dont elle renuerse les fondemens par la force de cette raison naturelle que Dieu a establie dans le cœur de tous les hommes, pour discerner le vray d'auec le faux, le iuste d'auec l'iniuste, & ne pas croire sans prudence. Si Epicure n'auoit renuersé par sa Physique, que les fondemens de la Religion de son temps, qui estoit remplie de toutes sortes de superstitions indignes d'estre creuës par des gens aussi raisonnables que sont les Philosophes, nous n'aurions rien à luy reprocher; mais ie crains qu'en voulant mettre nostre esprit à couuert de la vaine terreur des fausses Diuinités, il n'ait encore voulu nous oster la crainte du vray Dieu, qui est le commencement de toute sagesse diuine & humaine.

La vraye Religion procure plustost la tranquillité d'esprit qu'elle ne l'altere, parce que nostre satisfaction n'est iamais plus grande que lors que nous sommes persuadés de ioüir d'vne vie eternelle, comblée de toutes sortes de delices & de voluptez parfaites. Quel plaisir d'esperer la ioüissance d'vne bonté infinie qui se répandra sur toutes les creatures, qui ne s'en rendront pas indignes; Il n'y a que les vitieux & les scelerats qui puissent estre inquietés & tourmentés de la persuasion d'vn Dieu & d'vne Religion. La foy des Chrestiens est vne felicité desia commencée, & vn plaisir d'esperance, qui est si grand dans les gens vertueux, qu'il est leur plus solide bien en cette vie, & vn auant-goust des plaisirs de l'Eternité. L'ame du iuste est trop ferme pour estre ébranlée par les frayeurs de la superstition; il n'a garde de faire cette iniure à Dieu, qui est la bonté mesme, de croire qu'il est impitoyable aux foiblesses des hommes, & qu'il est l'vnique cause de tous les malheurs qui leur arriuent.

Quant à ce qui regarde la crainte qu'on a donnée aux hommes touchant les enfers, la Physique leur fait passer pour fables, ce que les Poëtes ont publié des peines de Tantale, d'Ixion, de Sysiphe, de Titius, & des Danaïdes: mais la raison naturelle leur fait reconnoistre qu'il y a vn souuerain arbitre du monde & de ses creatures, qui ne peut estre iuste s'il ne fait souffrir aux coupables apres la mort, des peines que nous exprimons sous le nom d'enfer. I'auouë que la Philosophie ne peut pas determiner la nature de ces souffrances, quoy que la raison connoisse qu'elles sont tres-grandes, puis qu'elles sont imposées par vn Dieu qui est tres-iuste & tres-puissant.

Ie remarque seulement icy, en refutant l'opinion d'Epicure, que la croyance ce de l'immortalité de nos ames ne doit point troubler la tranquillité de nôtre vie, d'autant qu'elle ne peut épouuanter que les méchans qui meritent iustement ce supplice, pour auoir preferé le vice à la vertu. La terreur des iustes iugemens de Dieu ne leur fait pas apprehender l'immortalité de leur ame, qui est vn bien, mais les peines qui en sont vne suite inseparab'e. Quant à l'homme de bien, il reçoit vne grande ioye en croyant l'immortalité de son ame, puisque l'enfer & les peines ne regardent que les pecheurs, & que les recompenses eternelles luy sont promises.

Considerons la satisfaction qu'vn homme conçoit, quand il croit qu'il ne finira point par la mort, mais qu'il commencera d'estre déliuré de la seruitude du peché, & des miseres de la vie presente, pour estre delicieusement abbreuué d'vn torrent de plaisirs qui l'attendent dans le Ciel.

Les Philosophes qui ont eu de la Religion, & qui ont esté persuadés de l'immortalité de leur ame, ont esté bien plus heureux & moins troublés que les libertins & les impies. Ils n'ont pas creu que l'homme, quand il l'auroit peu, eust deu se détromper d'vne opinion si agreable & si conforme à l'inclination naturelle qu'il a pour l'immortalité. Il est aussi doux & aussi naturel de desirer suruiure apres la mort, qu'il est naturel de l'apprehender. Ciceron là-dessus dist agreablement à vn Philosophe qui luy vouloit persuader que les ames estoient mortelles; mon amy, ne m'arrachés pas de l'esprit la plus douce consolation que i'aye dans ma vie, & la chere pensée qui me persuade que ie suis immortel. Concluons donc qu'il faut estre fou pour estre du party des impies, qui ont tout à craindre & rien à esperer, & pour quitter celuy des hommes vertueux qui ont tout à esperer, & rien à craindre.

Quant au second point, ie ne puis assez approuuer ce qu'Epicure nous fait attendre de l'vsage de la Physique, pour nous deliurer de la seruitude de nos passions, dont la violence altere le repos & le bon heur de nostre vie. Si nous pouuons vne fois connoistre & calmer ces tempestes de nostre sang & de nos humeurs, nous serons plus capables de surgir au port de la felicité; la Physique contribuëra beaucoup à nous rallier par la consideration de l'ordre qu'elle nous fera admirer dans la nature, par la contemplation du mouuement des Cieux, & de tout ce qui se fait sur le theatre du monde, où Dieu fait reluire la conduite de sa prouidence, en donnant à toutes les creatures ce qui leur est necessaire.

Pour exciter plus fortement les esprits à l'estude de la Physique, faisons parler les anciens en sa faueur.

Seneque enseigne que la force de l'esprit vient de l'exercice des beaux arts, & de l'estude de la Physique qui le fait monter dans le Ciel, & se promener parmy les astres, d'où il regarde auec mépris tous les biens de la fortune. Il voit, dit-il, les puissances de la vie infiniment au dessous de luy, auec leur or, leur argent, leurs pierreries, & la noblesse de leurs ayeuls à laquelle ils n'ont rien contribué.

Quintilien dit encore de la Physique, qu'elle ouure vn champ d'éloquence, d'autant plus abondant & plus riche, qu'elle fait parler auec plus de maiesté des ouurages de Dieu que des choses humaines. Ce qu'il auoit emprunté de Ciceron, qui luy auoit appris qu'vn Orateur est d'autant plus releué dans ses discours, qu'il est plus éclairé dans les sciences Physiques qui luy seruent à descendre noblement des choses celestes & diuines aux actions morales.

Pour conclusion, parlons du troisiéme auantage de la Physique, qui con-

Tunc iuuat, inter sydera ipsa vagantem, diuitum pauimenta ridere, & totam cum suo auro terram.

siste dans la possession de cette innocente & spirituelle volupté, qui suit la connoissance des choses naturelles, & dans le plaisir incroyable que nostre esprit ressent, d'estre deliuré de l'ignorance & de l'admiration du vulgaire. Plusieurs Philosophes ont trouué tant de charmes dans l'estude de la Physique, que pour s'y appliquer entierement, ils ont abandonné toute sorte d'occupations. Archimede estoit si attaché aux Mathematiques, qui sont vne partie de la Physique, que la prise & le saccagement de la ville de Syracuse où il estoit, ne furent pas capables de l'en distraire. L'histoire remarque qu'il y fut tué traçant des figures sur le sable.

Aristote dit que la nature est vne bonne mere, qui produit des plaisirs trespurs dans l'esprit de ceux qui la caressent, en philosopant auec ingenuité & de bonne foy. Ce plaisir est d'autant plus noble, qu'il suit la plus haute operation de l'entendement, qui est la contemplation. Quel contẽtement aux Philosophes de pouuoir discerner le vray d'auec le faux parmy tant d'opinions, & de connoistre la liaison des causes & des effets de la nature? Quelle satisfaction de mesurer demonstratiuement la hauteur & le mouuement des astres, de preuoir leurs influences, & de pouuoir rendre raison de toutes les productions naturelles qui se font sur la surface, & dans le sein de la terre? Quel bon-heur, enfin, de connoistre cette harmonie admirable de toutes les differentes pieces qui composent la machine de l'Vniuers, & cette souueraine intelligence qui la meut & la conserue. Certes, il faut auoüer que ceux qui ne sont pas sçauans en Physique, sont en quelque façon mal-heureux d'estre priués de la plus grande satisfaction dont l'homme est capable, qui est de connoistre le monde, & de s'éleuer à Dieu par les creatures.

Humaniss. completur animus voluptate.

Ciceron confirme cette verité auec son eloquence ordinaire, quand il dit que la recherche des choses obscures & releuées, porte son plaisir auec son trauail; mais si l'esprit est assez heureux d'approcher seulement de la vray-semblance, il est comblé d'vne satisfaction qui n'est conuenable qu'à l'homme. Il y a vne volupté insatiable dans l'explication de la nature, où tout homme détaché des affaires ciuiles, & pourueu des biens necessaires à la vie, peut establir vne profession autant honneste qu'elle est agreable.

Maxime de Tyr dit que l'estude de la Philosophie est semblable à vn songe diuertissant, qui fera croire à l'homme qu'il se promenera auec le Soleil, la Lune, & les autres astres, & qu'il assistera au conseil des Dieux pour apprendre comment ils gouuernent la nature, & peu s'en faut qu'il ne s'imagine aider à Iupiter à tenir le gouuernail de tout l'Vniuers. Son esprit rauy d'admiration iuge toutes autres occupations indignes de luy; il vole de tous costés parcourant la nature, penetrant ce qu'il y a de plus éleué au Ciel, & de plus caché dans la terre, puis tout d'vn coup il s'écrie sur son bon-heur: ô heureux voyage de mon esprit! ô agreables spectacles! ô bien-heureux & tres-charmant songe!

Nec mercede, sed miraculo colitur.

Mais finissons les Eloges de la Physique par la recommendation de Seneque, qui se demande quelle sera la recompense de cette estude, & répond en mesme temps que ce sera vn prix si grand qu'il n'y en a point de pareil. La science de l'Vniuers ne contient pas seulement des connoissances d'vn grand vsage; elle charme encore les hommes par son excellence & sa curiosité, & n'est pas moins cultiuée par admiration, que par la recompense qu'on en attend. Il continuë, & dit: Ie rends graces à la nature de ne la pas voir seulement par ses dehors comme le vulgaire, mais de penetrer au dedans, & d'y découurir ses plus profonds mysteres, où i'ay appris, quelle estoit la matiere de l'Vniuers, quel estoit son autheur, son conseruateur, & enfin ce que c'estoit que Dieu qui l'auoit creé ? & poursuiuant, il dit qu'il n'auoit pas besoin de la vie, si ce n'estoit pour l'employer à cultiuer les sciences : car prenant la parole ? quelle chose me pouuoit-elle resioüir d'estre au nombre des viuans? Est-ce pour boire & pour manger, en remplissant vn corps qui doit perir vn iour ? est-ce pour viure auec beaucoup de peine & de douleur, & pour craindre la mort qui nous est inéuitable? Ostez, dit-il, le plaisir de connoistre la nature, la vie ne vaut pas la peine extreme qu'on prend pour la conseruer. O que l'homme est vne chose vile & méprisable, quand la science ne l'éleue pas au dessus de son humanité, & des choses terrestres. Il y a dans le Ciel, & hors le monde de grands espaces, dont l'esprit peut prendre possession par ses meditations, & quand il y est arriué, il croist & se fortifie de telle sorte, que paroissant deliuré de ses liens, il retourne dans le lieu de son origine. C'est vne marque de sa diuiuité & de son immortalité, qu'il se plaist à mener vne vie contemplatiue semblable aux Dieux, & qu'il s'interesse pour des choses diuines, comme pour des affaires qui le touchent.

Et hoc habet argumentũ diuinitatis suæ, quod illam diuina delectant, nec vt alienis interest, sed vt suis.

Venons maintenant à la methode, qui est l'art de disposer par ordre ce que nous sçauons, elle est si vtile dans les sciences que sans son secours elles ne sont qu'vne confusion, & vn galimathias ridicule. Mais elle est d'autant plus necessaire en Physique, qu'il s'y rencontre vne infinité de matieres differentes, qui ne peuuent iamais estre rangées dans nostre esprit ny clairement expliquées sans le bon ordre qui en fait la liaison & la beauté. Si la sagesse consiste dans l'ordre des connoissances humaines & la folie dans leur confusion, la Physique ne peut estre vne partie de la sagesse naturelle, si ses matieres ne sont methodiquement disposées.

Pour cet effet ie diuiseray la Physique en trois parties; en generale, qui traittera de ce qui est commun à tous les corps tant superieurs qu'inferieurs; en Physique celeste, qui expliquera la nature des Cieux & des Astres, & en Physique Elementaire ou terrestre, qui examinera les corps sublunaires.

La Physique generale contiendra six Liures en forme d'essais, où ie m'efforceray de découurir tout ce qui est commun aux choses naturelles : le premier traittera de l'Vniuers en general : le second du lieu, du vuide, & du temps, qui sont des choses aussi generales que le monde : le troisiéme des principes materiels de tous les estres corporels : le quatriéme de leur cause efficiente : le cinquiéme de leurs qualitez naturelles : & le sixiéme du mouuement, de la generation & corruption des corps inanimés & animés.

La seconde partie de la Physique, qui examinera les corps celestes, sera expliquée en suite dans l'ordre que i'establiray au commencement. Ie la fais preceder la Physique elementaire, à cause que son obiet est plus noble & plus releué, & que la connoissance du Ciel & des Astres est necessaire pour bien connoistre le monde Elementaire, qui en est enuironné, & qui reçoit ses influences. La Physique qui traitte du Ciel precedera donc celle qui traite de la terre, afin que nous examinions le dehors du monde auant que d'en penetrer le dedans. Nous ferons enfin la conclusion de nos essais, de la troisiéme & plus importante partie de la Physique, qui traittera des Elemens, des Meteores, des Mineraux, des Plantes, des Brutes, & des Hommes.

Comme le celebre & sçauant Gassendi l'honneur de nostre France & de noſtre ſiecle a tres-doctement écrit de la Philoſophie, & tres-fidelement rapporté les opinions des Anciens & des Modernes: Ie feray gloire de le ſuiure, & de deffendre auec luy les opinions de Democrite & d'Epicure qu'il a accommodées au Chriſtianiſme. Ie me reſerue pourtant la liberté Philoſophique, d'y retrancher ce qui me paroiſtra inutile, d'y changer ce qui me paroiſtra moins conſiderable que ce que i'y pourray ſubſtituer, & enfin d'y adiouſter quelquefois de nouuelles experiences & de nouuelles obſeruations.

S'il eſt vray que les eſprits ſont ſemblables aux diamans qui ſe poliſſent eſtant frottez les vns contre les autres, & aux cailloux qui iettent du feu, & donnent de la lumiere quand ils ſont choquez enſemble, on ne doit point s'étonner ſi i'entreprens pour mon inſtruction d'expliquer publiquement mes diſſertations Phyſiques & morales, & ſi ie m'engage à répondre aux obiections faites de viue voix & par écrit, mais ſi ce qu'on m'oppoſera me paroiſt meilleur que ce que i'auray auancé, alors ie feray gloire de me dédire, & de changer de ſentimens en faueur de la verité.

I'eſpere agir dans toutes nos conferences ſi honneſtement & de ſi bonne foy, que ie ne donneray ſuiet à perſonne de ſe plaindre de noſtre maniere de philoſopher, & de répondre aux difficultez qu'on me propoſera; toute ma paſſiõ n'aura point d'autre but que celuy de tous les Philoſophes, qui eſt la recherche de la verité. Mais ſi nous ne ſommes pas aſſez heureux pour la trouuer, ie me contenteray de la vray-ſemblance, & de pouuoir iuger de tous les ſentimens des Phyſiciens, laiſſant volontiers l'opiniâtreté aux Sophiſtes, & la pretenduë demonſtration aux Carteſiens. Quelques charmes qu'ait la verité, elle ne nous doit pas obliger à nous precipiter dans le puits où Democrite l'a logé, pour l'en arracher ou nous perdre.

Ie conſidere la nature comme vn temple ſacré, où la Sageſſe diuine a caché ſes threſors, & où elle a renfermé ſes myſteres. Il n'eſt pas permis à l'eſprit humain d'entrer par tout, il eſt plus ſeant qu'vne iuſte reconnoiſſance de ſa foibleſſe le retienne dans l'admiration & le reſpect, en luy perſuadant que Dieu eſt vn ouurier ſi parfait, qu'il n'eſt pas capable de découurir l'artifice impenetrable qu'il a employé dans la conſtruction de l'Vniuers.

Ie n'ay garde de m'approcher de cet auguſte Temple de Dieu, qui eſt le monde, que ie n'aye imploré ſon nom, & demandé vne lumiere du Ciel, qui me conduiſe ſi ſeurement que ie ne puiſſe tomber dans quelque erreur contraire à la Foy Catholique, à laquelle ie ſoûmets tous mes ſentimens; proteſtant que i'aimerois mieux montrer que d'enſeigner aucune doctrine contraire à la Religion Romaine, dont ie fais profeſſion.

Si pourtant ie me trompe ſouuent auec les autres hommes, & que les fauſſes lumieres des Philoſophes anciens & modernes m'ébloüiſſent au lieu de m'éclairer dans le grand deſſein que i'entreprens, ie prie le Lecteur de conſiderer que ie ſuis homme, & par conſequent ſuiet à l'erreur, & qu'apres i'auray fait tout ce que i'auray pû pour reüſſir; ſi ie ne le fais pas, ie ſuis pluſtoſt digne de pitié que d'enuie.

I'auoüeray bien que le deſſein d'expliquer toute la Philoſophie, & de répondre de viue voix & par écrit à toute ſorte d'obiections, eſt temeraire, & au deſſus de mes forces; mais i'auray touſiours la gloire d'auoir beaucoup oſé, & on dira de moy pour m'excuſer, ce qu'on dit en faueur de Phaëton apres ſa cheute.

Quod ſi non tenuit, magnis tamen excidit auſis.

AVEC PRIVILEGE DV ROY.

LES ESSAIS PHYSIQVES DV S^R DE LAVNAY.

LIVRE PREMIER.

DV MONDE EN GENERAL.

DISSERTATION SECONDE, Si l'Vniuers est composé de plusieurs Mondes.

E Monde est definy par les Philosophes, vn assemblage du Ciel, de la terre, & des corps qui y sont contenus; & l'Vniuers se prend generalement pour tout ce qui a existence, de sorte qu'il comprend plusieurs mondes, & vne infinité mesme s'il y en a.

Ceux qui n'ont admis qu'vn seul monde borné & finy, au delà duquel il n'y auoit rien, comme Platon, Aristote, Heraclite, Xenophon, Philon Iuif, Seneque, & plusieurs autres, n'ont fait aucune difference entre le monde & l'Vniuers: mais la plus grande partie des Philosophes anciens qui ont defendu ou l'infinité d'vn seul monde, ou des espaces reels au delà d'vn monde finy, ou plusieurs mondes, ont fait vne grande distinction entre le monde & l'vniuers, soûtenant que l'vn n'estoit qu'vne tres-petite partie de l'autre.

Il faut donc remarquer que deux fameuses opinions ont partagé les Philosophes, sur l'vnité & la pluralité des mondes; la plus commune est pour la pluralité, & l'autre soûtient auec les modernes qu'il n'y en a qu'vn; Ce qui est conforme au Christianisme. On peut encore en adjoûter vne troisiéme defenduë par Heraclite, par Origene, & par la pluspart des Stoïciens; celle-là prend le milieu entre les autres, & soûtient qu'il n'y a iamais qu'vn monde à la fois, mais qu'il renaist comme vn Phœnix de temps en temps, apres auoir acheué ses reuolutions; de sorte que dans toute l'Eternité il y a eu & il y aura vne infinité de mondes, qui se succederont les vns aux autres, sans pourtant qu'il y ait beaucoup de difference entr'eux dans la succession de leurs renouuellemens.

Les Philosophes qui soûtiennent la pluralité des mondes, sont encore differens entr'eux, les vns en admettent d'infinis & les autres de finis.

Plutarque est vn des plus celebres Autheurs qui defend la pluralité des mondes, il les soûmet tous à l'Empire de Iupiter qu'il croit estre assez Plutarque les croit infinis.

puissant pour les bien gouuerner par sa prouidence. Il ne se contente pas de refuter dans ses écrits les raisons d'Aristote & de Platon, il veut encore faire voir que celuy-cy est de son party, & se persuade qu'il a étably cinq mondes ; ce que nous expliquerons du Ciel, & des quatre Elemens. En vn autre lieu, il luy attribuë aussi bien qu'au Philosophe Peregrinus, l'opinion de cent quatre-vingt trois mondes disposés en triangle, dont chaque côté en contient soixante auec vn dans chaque angle, de sorte qu'ils vouloient que tous ces angles fussent contigus pour contenir dans leur capacité vn champ spatieux où il faisoit resider la verité auec les Idées, ou causes exemplaires de toutes les creatures : Il vouloit encore que l'Eternité fût au milieu de ce triangle, d'où s'écouloit le temps qui se répandoit sur tous ces mondes.

Cette mysterieuse & symbolique fiction de Platon, a pû estre fondée sur le double des iours de l'année décris par cent quatre-vingt trois cours du Soleil, en parcourant le Zodiaque de point en point, depuis le Tropique du Cancer iusqu'à celuy du Capricorne ; & de celuy-cy iusqu'à l'autre ; outre qu'il nous representoit par les trois costés de son triangle, les trois saisons de l'année seules reconnuës des anciens : leur Printemps estoit composé des mois de Mars, Auril, May, & Iuin ; l'Esté des mois de Iuillet, Aoust, Septembre, & Octobre ; & l'Hyuer des mois de Nouembre, Decembre, Ianuier, & Feurier.

Entre ceux qui ont admis des mondes infinis, les vns les ont vnis ensemble dans ce grand Vniuers pour se communiquer, & les autres les ont détachez, les faisant vaguer dans des espaces infinis.

Seleucus, Heraclides, les Pythagoriciens, & les Sectateurs d'Orphée, ont enseigné au raport de Plutarque, que chaque estoille estoit vn monde particulier, & separé dans la vaste étenduë des Cieux ou de l'Æter ; que chacun de ces mondes stellaires estoit composé de son Ciel auec ses planetes, de son air & de sa terre, comme celuy-cy que nous habitons.

C'est l'opinion que Iordanus Brunus & plusieurs modernes ont pretendu auoir inuentée : mais ils l'ont prise de Seleucus, & ne peuuent aspirer qu'à la gloire de l'auoir ressuscitée. Ils soûtiennent que la terre, la lune, & les cinq autres planetes ont leur mouuement autour du Soleil qui est immobile. Ils veulent que les estoilles fixes du firmament qui sont des Soleils, ou des mondes comme celuy que nous habitons, ayent pareillement leur terre, leur lune, & toutes leurs autres planetes qui tournent autour de ces mondes stellaires, comme nos planetes tournent autour de nostre monde ; & si nous ne les decouurons point, il n'en faut accuser, disent ils, que la foiblesse de nostre veüe & l'imperfection de nos Telescopes.

Ces Autheurs font l'Vniuers immense & infiny : ils disent qu'en quelque lieu où l'on soit, on verra dans la sphere d'actiuité de la veüe & des lunettes, vn monde tel que nous le voyons auec sa rondeur & sa concauité apparente ; ce qui fait que nous attribuons au monde vne figure ronde, qui ne vient que du contour des nos obseruations sensibles, & non pas des extremitez du monde qui n'est pas borné & finy comme nous nous l'imaginons. Ils adjoûtent en consequence de cette doctrine, qui fait le monde infiny, ou selon Descartes indefiny ; que si nous estions placés dans quelqu'vne des estoilles qu'ils mettent à vne tres-grande distance de nous, on y verroit encore vn monde figuré & concaue, auquel le nostre, qu'ils nomment Solaire, sert d'étoille, comme les mondes qui bornent nostre veüe nous en seruent.

Comme leur opinion est que les planetes, leurs satellites, & tout ce qui les enuironne tournent autour du Soleil, ils veulent que tout l'espace compris entre le Soleil, qui est le centre de nostre monde, iusqu'à Saturne, passe pour le monde Solaire que nous habitons, qui ne paroistra qu'vne estoille au regard des mondes du firmament, comme du Caniculaire, ou de l'Arcturien. Car pour les autres mondes Stellaires qu'ils disent estre au delà du firmament, estans plus éloignés dans l'immense étenduë de l'Vniuers, ils ne seruent d'aucun ornement au nostre, comme le nostre leur est inutile, à cause qu'ils sont reciproquement hors de la portée des sens de ceux qui les habitent.

Ils comparent la pensée de ceux qui croyent que le monde est borné par le firmament ou par quelqu'autre Ciel superieur, à ces esprits grossiers qui se trouuant inopinement dans vn grand bois, croyent tousiours estre au milieu, à cause qu'ils se voyent bornez d'vne ceinture d'arbres qui les enuironne de tous costez, ou à ces matelots qui croyent tousiours estre en pleine mer, quand apres auoir perdu la terre ils ne voyent plus que l'eau qui borne leur horison visuel; ainsi nous pensons que l'Horison de nos yeux & de nos lunettes est borné dans vne partie determinée de ce vaste Vniuers, qui contient plusieurs mondes semblables, ou peut-estre differens de celuy que nous habitons.

Toutefois ceux qui admettent des mondes infinis, les ont le plus souuent separez les vns des autres, sans aucune contiguité ny continuité, les faisant errer & vaguer perpetuellement dans les espaces infinis de l'Vniuers, sans se rencontrer que rarement pour se briser, afin que de leur debris il s'en forme derechef de nouueaux semblables au nostre, ou peu differens. Stobée cite pour defenseurs de cette opinion Anaximandre, Anaximene, Archelaus, Diogene Apolloniate, Leucipe, Democrite, Epicure, Zenon, Eleates, Metrodore, Lampsacenus disciple & grand fauory d'Epicure; & Plutarque rapporte d'Anaxarchus, qu'ayant appris à Alexandre le Grand qu'il y auoit plusieurs mondes, il fit pleurer ce ieune Conquerant de ce qu'il n'en auoit pas encore conquis vn tout entier, ce qui a donné lieu à ces vers du Satyrique,

Vnus Pelleo iuueni non sufficit orbis,
Æstuat infelix angusto limite mundi
Vt Gyaræ clausus scopulis paruaque seripho,

Selon la maxime commune de ces anciens Philosophes, il estoit aussi absurde & ridicule, de croire que dans l'immense Vniuers il ny eust qu'vn monde, que de soûtenir qu'il n'y a qu'vn astre dans le Ciel, vn épy de bled dans vne Campagne, ou vne seule plante, & vn seul animal sur la terre.

Epicure a cela de particulier sur ce suiet, qu'il a le premier étably des Intermondes, qui sont des espaces reels entre ces mondes infinis, où il faisoit resider des Dieux Aeriens & pleins de lumiere sous la figure humaine, qui auoient choisi ces lieux vuides comme des gens sages & auisez qui craignoient d'estre écrasez sous la ruine de quelqu'vn de ces mondes. Surquoy Lucrece le loüe auec emportement en plusieurs endroits, pour auoir glorieusement fait sortir son esprit de la prison de ce monde, afin de voir ce qui se passoit au dehors, tant dans les autres mondes que dans les Intermondes.

Nous pourrions luy demander aussi plaisamment que fit Diogene à vn autheur du mesme sentiment, depuis quel temps il estoit de retour de son voyage Vltramondain, par quelle voye il y estoit allé, & par où il en estoit reuenu? Comment apres vn si long voyage, il auoit la memoire si fraische de ce qui se passoit dans des païs si éloignez; s'il n'en auoit pas rapporté comme les grands voyageurs, la permission de mentir impunement dans ses relations. Ainsi Hermias voulant railler Epicure, luy dit qu'apres auoir long-temps essayé de trouuer le trou par où il estoit sorty de ce monde, il n'auoit rencontré que des tenebres afreuses, des chimeres, & les illusions d'vn esprit égaré.

Innumerabiles veniunt mundi quibus Epicuri cogitatio innumerabiliter peregrinata est.

Ceux là dit S. Augustin, trouuent des mondes innombrables, qui ont auec Epicure vn esprit extrauagant. Ceux mesme, adjoûte-t'il, dans sa Cité de Dieu, qui pensent qu'il y a des espaces infinis hors du monde, où Dieu ne peut estre oisif, doiuent y admettre des mondes infinis à la façon d'Epicure; auec cette difference, que ce Philosophe vouloit qu'ils fussent l'effet du concours fortuit des atomes, quoy qu'ils soient les ouurages des mains de Dieu.

La premiere raison que Plutarque rapporte pour établir la pluralité ou l'infinité des mondes, est que cette opinion n'est pas seulement conforme à la raison humaine, mais encore à la sagesse diuine: d'autant que les Dieux estant infiniment parfaits, doiuent cultiuer toutes les vertus morales & ciuiles qui perfectionnent les hommes, comme sont la Iustice, l'Amitié, la Ciuilité, & les autres vertus semblables qui demandent la pluralité des mondes & des Dieux.

Cette raison est confirmée par des Autheurs modernes, qui soûtiennent que la sagesse, la bonté, & la puissance de Dieu sont des preuues d'vne infinité de mondes. Leur raison est, qu'vne cause infinie doit produire des effets infinis pour se faire reconnoistre infinie, & ne se pas contraindre dans sa maniere d'agir, qui demande à se communiquer infiniment. Or comme le monde, quelque parfait qu'il soit, est finy en grandeur, il faut receuoir vne infinité de mondes pour faire connoistre qu'il y a vne cause infinie qui les a creez par vne plenitude de bonté qui a deu se repandre autant qu'elle a peu.

Il

Il eſt tres-facile de refuter la raiſon de Platon, qui établit vne infinité de Dieux, en ſuppoſant la demonſtration d'vn ſeul, que nous établirons ailleurs. Quant à ce qu'il raporte à Dieu, ou dans ſon opinion aux Dieux, il en faut iuger bien autrement que des vertus morales & ciuiles : Car Dieu poſſede toutes ſes perfections independemment de tout eſtre, autrement il ne ſeroit pas Dieu. C'eſt pourquoy nous ſommes aſſurez qu'il n'a pas beſoin de juſtice, d'amitié, & de toutes les autres vertus ciuiles qui font viure les hommes dans la ſocieté & plus ſeurement & plus agreablement. Dieu eſt ſi ſage qu'il n'a point beſoin de conſeil, ſi puiſſant qu'il n'appelle aucun compagnon à ſon ſecours, ſi parfait & ſi iuſte dans ſa nature, qu'il n'a beſoin d'aucune regle pour le conduire dans ſes actions ; en vn mot il eſt infiny en toute ſorte de perfections ; ce qui fait qu'il a en luy, & par luy tout ce qui luy eſt neceſſaire pour eſtre heureux, ſans auoir beſoin de l'aſſiſtance d'aucune creature, ny de la compagnie des autres Dieux, quand ils ne ſeroient pas imaginaires. Mais comme les Payens admettoient vne multitude de Dieux, ie ne m'étonne pas qu'ils leur ayent attribué la neceſſité d'auoir des vertus ciuiles pour viure en bonne intelligence enſemble, & pour s'entre-ſecourir dans leur indigence. Ie ſçay bien que la temperance auroit eſté neceſſaire à la pluſpart pour les releuer, non pas au deſſus des hommes, mais des brutes.

Venons à la preuue de ce raiſonnement, qui ſemble d'autant plus fort, qu'il eſt fondé ſur les attributs diuins : diſons donc que la puiſſance diuine paroiſt aſſez euidemment infinie, puiſqu'elle a tiré le monde du neant, & qu'elle le preſerue d'y retomber. Si cette puiſſance ne ſe communique pas autant qu'elle peut, c'eſt qu'elle ne le veut pas. Dieu eſt eſſentiellement libre & maiſtre de ſes actions & de ſes biens : Il les communique comme il luy plaiſt, autant qu'il luy plaiſt, & quand il luy plaiſt, ſans eſtre obligé d'agir autant qu'il peut agir, comme font les cauſes ſecondes, aueugles, neceſſaires, & determinées, telles qu'eſt le feu à l'égard de ſa chaleur, & le Soleil à l'égard de ſa lumiere. L'homme qui eſt vne cauſe libre, ne fait pas touſiours ce qu'il peut, mais ce qu'il veut ; à plus forte raiſon Dieu qui eſt infiniment plus libre & independant, n'aura point d'autre loy dans ſes actions que celle de ſa volonté.

I'aduoüe que la bonté infinie de Dieu le ſollicite à ſe communiquer infiniment ; mais la Theologie m'apprend que c'eſt au dedans de luy meſme, par la Generation eternelle & infinie de ſon Verbe, & par la Spiration du S Eſprit, pour nous donner la Trinité des perſonnes dans l'vnité de l'Eſſence diuine. Quant à la communication de Dieu, au dehors, elle doit neceſſairement eſtre libre & finie; autrement produiſant vn effet infiny hors de Dieu, il y auroit deux eſtres infinis, & par conſequent deux Dieux : ce qui eſt contradictoire. D'où ie concluſ demonſtratiuement, que Dieu ne peut produire que des creatures finies & bornées, autrement il épuiſeroit ſa puiſſance, à laquelle il ne reſteroit plus rien à faire apres auoir acheué vn ouurage infiny au delà duquel il n'y a plus rien à produire.

Ie passe plus auant contre ceux qui disent non seulement que Dieu a produit,mais qu'il peut produire des mondes infinis pour nous faire éclater sa toute puissance. Car j'aurois la mesme raison de dire qu'il a fait, ou peut faire vne infinité de Dieux ou d'estres independants, pour manifester son independance, qui est le principal attribut qui le fait Dieu : Comme ce dernier point est absurde,le premier ne l'est pas moins.

Quant à la sagesse infinie de Dieu, elle ne consiste pas à gouuerner des mondes infinis, mais à se connoistre infiniment; & sa bonté infinie paroist assez à nous auoir donné l'estre, & tous les autres biens naturels, sans parler auec la Foy des surnaturels, comme de nostre Redemption, & de la gloire eternelle.

La raison de ceux qui deffendent seulement la pluralité des mondes, est appuyée sur l'induction naturelle, tirée de ce que toutes les choses viuantes ne sont pas vniques dans leurs especes, & de là ils supposent la multitude en toutes choses,mesme parmy les Dieux.Il est aisé de leur repondre, que la multitude des mondes est aussi imaginaire que celle de leurs Dieux, ainsi que nous venons de le faire voir. Pour les choses viuantes,elles demandent la multitude, afin de perpetuer leurs natures perissables dans les indiuidus. Mais les choses inalterables, comme le Soleil, la Lune, le monde entier,sont vniques & ne font point d'especes.

S'il est question de la seule production d'vn monde plus grand que celuy-cy, mais non pas infiny; de plusieurs mondes, & d'vn si grand nombre qu'on voudra, pourueu qu'il soit tousiours borné, nous en attribuons la possibilité à Dieu. Car cela ne repugne ny à sa puissance, qui est infinie, ny au neant dont ils peuuent estre tirés, ny au lieu qui est tout prest à les receuoir. Enfin ils ne repugnent point de leur costé, y ayant la mesme possibilité pour leur production, qu'il y a eu pour la creation de celuy-cy.

Mais nos derniers aduersaires ne disputent point comme des Philosophes Chrestiens, de la possibilité de plusieurs mondes; ils soustiennent leur actuelle existence. Ainsi ie leur répond,que s'il auoient estably la pluralité des mondes, ou leur infinité, il en faudroit tousiours, contre leur raisonnement,reuenir tant à l'vnité de l'Vniuers qui les contiendroit, que de Dieu qui les gouuerneroit; ainsi on les reduiroit à l'vnité d'estre qu'ils combattent si fort, par cet axiome de Lucrece.

Huc accedit vt in Summa, res vlla sit vna.

La troisiéme raison pour prouuer l'infinité des mondes, est d'Epicure, qui la fonde sur vn faux principe de sa doctrine, par laquelle il suppose qu'il y a dans l'immensité des espaces de l'Vniuers, des atomes infinis, d'où il conclud que le monde que nous habitons estant finy, il en faut admettre vne infinité d'autres hors de celuy-cy,pour employer tous les petits corps infinis à leur construction, & pour occuper suffisamment l'immensité de ces espaces,qui dans sa pensée seroient inutils, s'ils ne seruoient à contenir vne infinité de mondes. Voicy les propres termes d'Epicure chez Lactance. Puis que l'Vniuers est infiny, & que rien ne peut estre inutile, il est necessaire qu'il y ait vne infinité de mondes.

Quoniam Omne, est infinitum, nec potest quicquam vacare, necesse est esse infinitos mundos.

Sans m'arrester icy à refuter à fond la doctrine de l'infinité des atomes & de l'immensité du vuide distingué de Dieu, ie supposeray qu'elle est fausse, à cause qu'il n'y peut auoir deux estres infinis, & que l'infinité est vn Attribut si propre à Dieu, qu'il ne le peut communiquer à ses creatures. Ie soûtiens donc qu'il s'ensuiuroit deux contradictions des principes d'Epicure: la premiere qu'il ne pourroit y auoir des mondes infinis, si tous les atomes infinis ne s'estoient accrochez pour les composer; car si on ne lie que des principes finis, on n'en fera pas des composez infinis, puis que le finy ne peut produire l'infiny. Il faut donc employer vne infinité d'Atomes dans la construction de ces mondes. Cela supposé, voicy comme ie raisonne. Si les atomes ont esté infinis, on ne les a pû iamais tous assembler, d'autant que dans vn nombre infiny on n'arriue iamais à la fin, & plus on en aura vny dans la fabrique de ces mondes, plus il y en aura à adiouster dans vn nombre qui ne s'épuise iamais. Si vn architecte auoit vne infinité de materiaux pour bastir vne infinité de maisons dans vne ville, il n'épuiseroit iamais sa matiere, & n'acheueroit iamais son ouurage.

La seconde contradiction qui s'ensuit de l'opinion d'Epicure sur l'infinité de ses mondes & de ses atomes, est que ses Intermondes seroient remplis, & qu'il n'y auroit aucun vuide dans l'Vniuers, comme sa doctrine le requiert; d'autant que des mondes, ou de petits corps infinis demandant des lieux proportionnez à leur estenduë, ils rempliroient necessairement des espaces immenses; d'où l'on infereroit fort conformement à sa doctrine, qu'il n'y pourroit auoir de mouuement, s'il ne se faisoit vne penetration des corps, à cause que tout l'Vniuers seroit plein. Quand l'étenduë corporelle est proportionnée à l'étenduë spirituelle, ou d'espace, il faut que l'vne remplisse l'autre: l'estenduë des corps infinis est semblable en tout, à l'estenduë infinie des espaces de l'Vniuers; il faudroit donc de necessité qu'elle la remplist entierement sans y laisser aucun vuide.

Ie puis asseurer que la structure du monde & l'ordre de ses mouuemens nous demonstre clairement qu'il a esté fait par vn principe intelligent, qui a creé autant d'atomes qu'il en a fallu pour sa matiere & sa composition, & qui en produira de nouueaux; si suiuant son plaisir il veut creer d'autres mondes que celuy que nous connoissons. Iamais Epicure n'est tombé dans vne plus visible erreur qu'en cet endroit, où il prouue l'infinité des atomes par l'infinité des mondes, & l'infinité des mondes par celle des atomes. C'est vn paralogisme ou dialelle honteux à vn si grand Philosophe, puis qu'il suppose pour raison ce qui est en question.

Il nous reste maintenant à defendre la seconde opinion des Philosophes, touchant l'vnité du monde, qui en ce sens est la mesme chose que la nature ou l'Vniuers. Nous embrasserons d'autant plus volontiers cette opinion, qu'elle est plus conforme aux principes de la Religion Chrestienne

& aux saintes Escritures, qui parlant de la creation du monde, de la prouidence diuine, de la cheute, redemption, & felicité de l'homme, ne font aucune mention de plusieurs mondes; mais d'vn seul qui nous fait reconnoistre par son vnité, vn seul Dieu Createur, conseruateur, & reparateur de toutes choses.

Cette opinion a esté defenduë par plusieurs anciens, & fameux Philosophes, dont les plus celebres ont esté Thales, Pythagore, Empedocle, Ecphantus, Parmenides, Melisse, Heraclite, & non pas Heraclides qui a soûtenu l'opinion contraire; Anaxagore, Platon, Aristote, Zenon le Stoïcien, Pline, Seneque, & plusieurs autres que nous pourrions ioindre auec la plus grande partie des Philosophes modernes, & particulierement des Chrestiens, qui sont tres-persuadez qu'il y a de la temerité à admettre l'existence de quelque estre sans preuue & sans raison, comme ie l'ay fait voir cy-dessus par la refutation de leur doctrine. Ils croyent qu'il est bien plus raisonnable de dire qu'il n'y a qu'vn mõde, puisque nous n'en connoissons qu'vn, & que le S. Esprit qui sçait tout ne nous en a reuelé qu'vn seul, quoy qu'il eust esté assez probable qu'il nous en eust manifesté d'autres, si Dieu les auoit creés, afin que cela nous eust porté à admirer dauantage la gloire, & la grandeur de celuy qui les auroit produits.

Ils me peuuent obiecter que ie ne suis pas participant des secrets de Dieu, ny son confident, pour sçauoir s'il n'a point fait d'autres mondes que celuy-cy. Ie leur répond auec la mesme raison, qu'ils n'ont pas entré plus auant que moy dans le cabinet du Tout-puissant pour y auoir appris secrettement qu'il y en a d'autres, & ainsi ils n'auront du costé de Dieu, ou de la reuelation, pas plus raison de l'asseurer, que moy de le nier. I'auray cet aduantage d'ailleurs par dessus eux, qu'en ne reconnoissant qu'vn monde, ie parle en Philosophe d'vne chose que ie connois, & que Dieu a seulement voulu que ie connusse, & mes Antagonistes sont assez visionnaires pour établir des mondes, dont ils n'ont aucune preuue, ny par reuelation, ny par raison, ny par experience. Ce qui me fait conclure sans les offencer, qu'ils en parlent aueuglement, & plus faussement que ne font les aueugles des couleurs, dont ils ont entendu parler à ceux qui les connoissent: mais il est constant que personne n'est venu apporter des nouuelles des autres mondes, non pas mesme les Anges, ou les Diables qui sont en cecy moins menteurs que les hommes, dont les réueries & les impostures sont infinies.

Mundi huius extra indagare, nec interesse hominum, nec capere humanæ coniecturam mentis?

Ie ne puis icy m'empécher de suiure le sentiment de Pline, lequel soûtient qu'il n'appartient à l'esprit humain, ny de rechercher ce qui est au delà du monde ny de le conceuoir; c'est vne fureur, dit-il, & vne derniere folie de faire sortir nostre esprit de ce monde, & comme si le dedans nous estoit connu demonstratiuement, de nous appliquer à contempler les dehors. Est-ce que celuy là pourroit iustement mesurer quelque chose qui ne se peut pas mesurer soy-mesme? & l'esprit de l'homme comprendra-t'il ce qui n'est pas compris dans le monde? Ce beau passage semble auoir esté

fait

fait pour se mocquer de ces quatre vers que Lucrece a composez à la recommandation de son grand patron Epicure.

Ergo viuida vis animi peruicit, & extra
Processit, longè flammantia mœnia mundi,
Vnde refert nobis victor, quid possit oriri,
Quid nequeat, finita potestas denique quoque.

Ie passeray legerement sur les raisonnemens de Platon & d'Aristote pour l'vnité du monde, tant parce que Plutarque y a répondu, que parce qu'ils sont tres-foibles, & contraires à la possibilité de plusieurs mondes, que nous n'oserions pas refuser à la Toute-puissance diuine.

Ils disent que le monde ne seroit point parfait, ny vn animal accōply, s'il ne contenoit toutes choses, & s'il n'estoit semblable à son Prototype qui est l'vnité mesme. Il ne seroit peut-estre pas incorruptible. Il ne pourroit estre connu par la science humaine, qui ne comprend point ce qui est infiny au delà du mōde: où il n'y a ny lieu ny temps, dit Aristote, c'est pourquoy rien ne s'y pourroit conseruer. Telles & semblables raisons sont peu considerables, pour estre appuyées sur de faux principes de Physique que nous refuterons ailleurs. Il me suffit de conclure tres-probablement, qu'il n'y en a qu'vn, puis qu'on n'apporte aucune raison conuaincante qui en prouue dauantage.

furor est profecto furor egredi ex eo, & tanquam externa eius cuncta iam sint nota, ita scrutari cætera. Quasi vero mensuram vllius rei possit capere qui sui nesciat, aut mens hominis videre quæ mundus ipse non capiat.

Quoy que dans nostre opinion, qui n'admet qu'vn monde, on puisse dire qu'il n'est pas different de l'Vniuers; cependant quelques Philosophes, comme Empedocle, l'ont distingué, voulant que l'Vniuers fust composé de ce monde & des espaces infinis qui estoient pleins de matiere pour en faire d'autres, & que celuy-cy ne contienne qu'vne bien petite partie des corps de l'Vniuers, qui faute de liaison ne peut faire d'autres mondes. Les Stoïciens admettoient aussi bien que nous des espaces reels au delà du monde, qu'ils vouloient estre vuides de toute sorte de corps & de matiere. Plutarque remarque qu'ils admettoient ces espaces vltramondains, pour expliquer la dissolution de ce monde, qu'ils croyoient deuoir perir infailliblement dans la suite des Siecles. C'est pourquoy Possidonius soûtient ces espaces, & ne les a pas étendus dauantage qu'il falloit pour la destruction du monde. Plutarque écrit encore que les Pythagoriciens, qui faisoient passer le monde pour vn gros animal, admettoient autour de luy des espaces pleins d'air, pour luy donner moyen de respirer. Ie croy qu'ils auoient raison de ne pas étouffer vn animal qui leur donnoit la vie & à tous les autres.

La Doctrine de l'vnité du monde supposée: les Philosophes ont fait deux questions: la premiere estoit de sçauoir s'il y auoit vn centre dans l'Vniuers, & la seconde s'il estoit immobile.

La premiere question est facile a resoudre, suiuant la pensée qu'on aura du monde. Car ceux qui le croyent finy & rond, comme Platon & Aristote, luy doiuent donner vn centre, qui est vn point, duquel toutes les lignes droites tirées à sa circonference sont égales. Mais ceux qui disent que l'Vniuers est infiny, ou indefiny, comme Descartes, ne luy peuuent assigner ny centre ny extremitez que par designation du lieu où ils sont, à la sphere d'actiuité de leur imagination, par laquelle ils en peuuent borner & limiter vne partie, à qui ils donneront vn milieu & des confins, comme on le peut conceuoir par l'exemple d'vn cercle finy, qu'on peut décrire sur vn plan infiny. Mais si on le considere comme infiny de toutes parts, alors on n'y pourra établir ny haut, ny bas, ny droit, ny gauche, en vn mot, ny milieu, ny extremitez, puisqu'il sera sans commencement & sans fin.

Aristote a si bien reconnu le centre du monde, qu'il n'a admis que trois mouuemens naturels, du centre vers les extremitez, qui est celuy des choses qu'il a appellées legeres; des extremitez vers le centre, qui est celuy des corps pesans; & des Cieux autour du centre, qui est celuy des corps celestes; de sorte que si quelque piece du Monde en estoit détachée, elle souffriroit violence, & se porteroit par vn mouuement naturel vers le centre du monde, pour se reünir auec les autres parties de l'Vniuers.

Platon a admis vn centre dans le monde comme Aristote; mais pourtant auec cette difference, qu'Aristote a placé la terre au milieu du monde, & Platon quelque fois y a mis la terre, & quelque-fois le Soleil; ce qui fait bien voir que l'opinion de Copernic & de Tycho ne sont pas nouuelles, comme on nous le veut faire accroire; outre que Platon admettant vn centre & vne circonference dans le monde qu'il croyoit finy, il a pourtant esté different d'Aristote, en ce qu'il vouloit qu'il n'y eust ny haut ny bas que respectiuement à celuy qui l'établissoit par raport à ses parties, comme l'homme par rapport à sa teste & à ses pieds, ainsi le droit, & le gauche, le deuant & le derriere ne se couçoiuent que respectiuement à nostre scituation.

Epicure appelloit le lieu d'où venoient les Atomes, superieur; & le lieu où ils tendoient, inferieur. Nous pourrions bien remettre à vne autre fois la question de l'immutabilité du monde: cependant i'en diray deux mots en passant, pour expliquer le sentiment des Philosophes anciens sur ce suiet.

Aristote estimoit le monde Eternel, & par consequent exempt de tout changement. Platon le croyoit corruptible de sa nature, mais incorruptible du costé de son Ouurier, qui auoit la volonté eternelle & immuable de conseruer vn si bel ouurage. Epicure distinguoit le monde de l'Vniuers. Il faisoit celuy-cy incorruptible, & celuy-là suiet à la dissolution, comme nous expliquerons amplement cy-apres; la raison pour laquelle Epicure soûtenoit que l'Vniuers estoit incorruptible, c'est qu'estant infiny il n'y auoit point de lieu pour le dissoudre, & qu'il connoissoit aussi peu l'aneantissement que la creation du monde, témoin cet axiome expliqué par ce vers de Lucrece:

Ex nihilo nihil, in nihilum nil posse reuerti.

Il concluoit apres que l'Vniuers ne finiroit iamais, puisqu'il n'auoit pas eu de commencement, & qu'estant immense il deuoit estre immobile;

puiſqu'il n'y auoit aucun lieu ny plein ny vuide, où il peuſt eſtre transferé.

Epicure compare l'immobilité de l'Vniuers dans les differens changemens des mondes qu'il contient, à celuy d'vn animal, qui ne laiſſe pas d'eſtre immobile quand il demeure dans vn meſme lieu, quoy que ſon cœur, ſes arteres, & ſes eſprits ſe meuuent continuellement. Lucrece encheriſſant par ſon langage des Dieux ſur celuy de ce Philoſophe, dont il chante noblement la doctrine, ſe ſert de deux belles comparaiſons, tirées d'vn troupeau de Moutons, & d'vne armée dont les parties peuuent eſtre en mouuement ſans que l'armée ou le troupeau change de place.

A PARIS,

DE L'IMPRIMERIE DE IEAN CVSSON,

Et ſe vendent

Chez L'AVTHEVR, ruë Mazarin prés le College des quatre Nations:

Et au Palais

Chez CLAVDE BARBIN, ſur les degrez de la ſainte Chapelle.

M. DC. LXVII.

AVEC PRIVILEGE DV ROY.

LES ESSAIS PHYSIQVES DV S[R] DELAVNAY

LIVRE PREMIER.

DV MONDE EN GENERAL.

DISSERTATION TROISIESME, *Du Systeme du Monde, de sa Grandeur, & de sa Figure.*

OVS n'entendons rien autre chose par le Systeme du Monde, que l'ordre ou la disposition naturelle de toutes les parties dont il est composé.

Le vulgaire, & mesme les premiers Philosophes, ont si peu connû la structure de l'Vniuers, qu'ils conceuoient la terre comme vne spacieuse sale, à laquelle le Ciel seruoit de lambris. Ils se figuroient que le monde estoit semblable au superbe Palais d'vn grand Prince, ou plustost à vne fameuse Ville; que Dieu habitoit le Ciel, qui en estoit comme la Citadelle, & le lieu le plus conuenable à sa Grandeur; & qu'il laissoit la partie inferieure, qui est la terre, aux hommes, pour y établir leur demeure.

Cœlum cœli Domino, terram autem dedit filiis hominum

Cette premiere pensée, quoy que grossiere, a esté si generalement receuë des anciens Philosophes & des Poëtes, qu'elle a donné occasion à plusieurs saints Peres, & entr'autres à S. Augustin, de soûtenir que la terre auoit vne superficie plate, qui estoit enuironnée de l'Ocean, & bornée par les extremitez du Ciel de tous costez. Ils faisoient leuer le Soleil & les Astres comme s'ils fussent sortis de l'Ocean, & les faisoient coucher, comme s'ils retomboient dans ses eaux, d'où ils les faisoient reuenir en nageant iusqu'à l'Orient. Il est encore tres-probable que cette fausse doctrine a causé l'erreur de ceux qui ont reietté les Antipodes.

Apres qu'ils ont partagé le monde en Ciel & en terre, ils ont separé le globe terrestre en terre ferme, habitée par les hommes & les bestes, & en eau habitée par les poissons; ils ont pareillement fait deux parties du Ciel, vne inferieure, & voisine de la terre & de l'eau, qu'ils ont appelée l'air habité par les oyseaux, & vne superieure qu'ils ont nommée la region de feux celestes, ou (l'Æter) habitée par les Astres, qui estoient dans leur pensée, des animaux Ignées : Les vers d'Ouide nous expliquent parfaitement leur sentiment.

Neu Regio foret vlla suis animalibus orba,
Astra tenent cæleste solum, formæque deorum;
Cesserunt nitidis habitandæ piscibus vndæ:
Terra feras cepit, volucres agitabilis aër.

Ils ont eû d'autant plus de raison de croire que les Astres estoient des feux, qu'ils ont veu qu'à la façon du feu d'icy bas, ils éclairoient & échaufoient tout ensemble.

Ils obseruerent encore que les Astres échaufoient la terre & les eaux, & que ces deux parties inferieures enuoyoient leurs vapeurs & leurs exhalaisons en haut ; pour cela ils creurent, que toutes les parties du Monde s'entretenoient les vnes les autres par vn mutuel secours : sçauoir les choses superieures, en communiquant leur chaleur aux inferieures, & les inferieures en leur enuoyant dequoy se nourrir : ainsi que toutes les parties du monde estoient aussi necessaires pour la conseruation de l'Vniuers, que celles de l'animal pour le faire viure.

En suite, ils ont iugé que tous les animaux estoient composez de ces quatre parties ; parce que la solidité de leurs membres estoit faite de terre, leurs humeurs d'eau, leur esprit & leur respiration, d'air ; & enfin que la chaleur naturelle qui les faisoit viure, estoit vne portion de ce feu celeste qui les animoit, & dont ils ne pouuoient estre priuez sans mourir.

Cette opinion des quatre Elemens auoit tellement preualu parmy les Philosophes anciens, que c'estoit vne erreur que de ne la pas suiure. C'est pourquoy Aristote & les autres qui ostoient la chaleur, & le froid, aux Astres, & qui les rendoient incapables d'alteration, n'ont pas reietté l'opinion des quatre Elemens ; mais ils ont pris la liberté de l'interpreter comme il leur a pleu, en introduisant sans raison vn feu elementaire dans la concauité du Ciel de la Lune. Sans m'arrester à contredire les sentimens de ces Philosophes, ie m'attacheray seulement à expliquer les trois plus fameuses opinions, touchant le Systeme du Monde. La premiere est de Ptolomée, la seconde de Copernic, & la troisiéme de Tycho Brahé.

Ptolomée place au milieu du monde le globe terrestre, contenant les eaux dans ses cauitez, auec lesquelles il fait voir vne sphere immobile enuironnée de l'air & du feu, & veut qu'autour des quatre Elemens, le Ciel & les Astres roulent sans cesse.

Il distingue en suite le Ciel en deux parties, vne inferieure, où sont les sept planetes, ou estoilles errantes auec leurs Cieux particuliers, en cet ordre, la Lune, Mercure, Venus, le Soleil, Mars, Iupiter & Saturne.

Il y a mesme grande contestation entre ses Sectateurs, pour sçauoir si la Region celeste des planetes est solide, ou fluide. Les vns la font semblable à vn air tres-pur & tres-mobile, dans lequel les planetes se meuuent d'vn mouuement particulier, comme les oyseaux dans l'air, ou les poissons dans l'eau.

Les autres, comme Eudoxe, Calippus, Aristote, & plusieurs grands Hommes ont composé la partie inferieure du Ciel de sept Orbes solides; mais Cristallins & transparens, pour ne pas cacher les Astres superieurs à nostre veuë. Chacun a sa planete attachée comme vne grande plaque d'or, qui est emporté par le mouuement particulier de son Ciel; de sorte que tous ces Orbes sont tellement entrelassez auec le premier mobile, qu'ils sont meus d'Orient en Occident, autour de la terre en vingt-quatre heures; tandis que par leur mouuement propre & retrograde, ils se meuuent d'Occident en Orient, vis à vis la partie du Ciel qu'on appelle Zodiaque.

Pour comprendre ces deux mouuemens, representons-nous vn bateau, qui nous emportant auec la riuiere, ne laisse pas de nous permettre d'y marcher d'vn mouuement contraire, ou vne mouche qui ne laisse point de remonter sur vne roüe par son mouuement particulier, tandis que la roüe l'emporte par vn mouuement opposé.

Ie ne parle point icy de la diuision des mouuemens en concentriques, & en excentriques; ny de ceux des Epicicles, que les Sectateurs de Ptolomée ont inuentez pour rendre raison des apparences & des mouuemens celestes des planetes, qui doiuent estre amplement expliquez dans leur lieu.

Ie viens au firmament qui est le huitiéme Ciel, au dessus des sept planetes, dans lequel les estoilles sont estimées fixes, pour garder la mesme distance entr'elles. Ce Ciel est solide comme les autres, ausquels il est si contigu, qu'il les entraisne par la rapidité du premier mobile, qui en a esté distingué & mis au dessus, depuis que l'on a obserué, que le firmament se meut d'vn mouuement particulier, d'Occident en Orient.

On a encore reconnu qu'il se mouuoit d'vn troisiéme mouuement qui luy est particulier, du Septentrion au Midy, appellé de trepidation, & d'vn autre de libration; & on en a fait vn neufviéme, & mesme vn dixiéme Ciel, sans Astres, afin d'expliquer ces mouuemens.

On a placé au dessus l'onziéme Ciel, appellé premier mobile, qui donne le mouuement iournalier & general à toute la machine des Cieux, & des Astres qu'il entraîne autour de la terre en vingt-quatre heures. Les saints Peres en mettent vn douzième, qu'ils appellent le Ciel Empirée, à cause de sa splendeur Ignée & éclatante. Ils le font quarré, solide & immobile, & disent que c'est le Paradis, où ils établissent le trône du tres-haut, & le seiour des bien-heureux: Laissons vne matiere si sublime à examiner à la Theologie, & reuenons à la Physique.

L'inuention du second Systeme est attribuée au celebre Copernic, qui viuoit sur la fin du dernier Siecle; mais il auoit desia esté découuert par les principaux Pythagoriciens, & par Platon sur la fin de ses iours. Ils placent au centre du monde le Soleil, comme la plus noble partie; parce que c'en est le cœur, & le principe qui l'anime, qui le meut, & le viuifie; de sorte qu'il est comme vn Roy au milieu de son Estat, d'où il distribuë ses ordres à ses Suiets: ainsi le Soleil communique sa chaleur, sa lumiere,

& ses autres influences à tous les corps voisins qui l'enuironnent. La terre est transposée au lieu du Soleil entre Venus & Mars. La Lune l'accompagne dans son mouuement annuel, comme sa suiuante, & fait sa reuolution particuliere en vn mois à peu prés.

Il a donné à la terre deux mouuemens ; vn iournalier, par lequel elle se meut sur son axe en vingt-quatre heures, pour faire le iour dans sa partie, qui est exposée au Soleil, & la nuit dans celle qui luy est opposée ; & ce mouuement de vingt-quatre heures répond au mesme mouuement du Rapt, que Ptolomée attribue au premier mobile qui se fait d'Occident en Orient, pour nous faire paroistre celuy que l'on conçoit dans la machine des Cieux, d'Orient en Occident, de la mesme sorte que celuy qui descend vne riuiere s'imagine que ses bords remontent, quoy qu'en effet ils soient immobiles.

Le second mouuement de la terre, que l'on appelle annuel, se fait sous le Zodiaque d'Orient en Occident, en trois cens soixante & cinq iours, quelques heures, & plusieurs minutes, pour nous donner l'apparence du mouuement que nous attribuons au Ciel, quoy qu'il conuienne veritablement à la terre.

Il faut s'imaginer la mesme chose de Mercure, de Venus, & des autres planetes Mars, Iupiter & Saturne, qui sont plus éloignez du Soleil que la terre. Ils se meuuent autour du Soleil d'vn mouuement particulier ; Mercure en trois mois, Venus en huit mois, Mars en deux ans, Iupiter en douze ans, Saturne en trente, & le firmament en vingt cinq mille ans.

Les sept planetes, en prenant la terre pour vne, reçoiuent leur lumiere du Soleil qui les éclaire, n'en ayant aucune qui leur soit propre, & souffrent Eclipse les vnes des autres, quand elles sont interposées entre le corps du Soleil & celuy de la planete qui en doit estre éclairée.

D'où l'on peut dire en deux mots, que dans le Systeme de Copernic, le Soleil est immobile au milieu du monde, enuironné de Mercure, de Venus, de la terre auec la Lune qui se meut autour d'elle d'vn mouuement particulier, de Mars, de Iupiter auec ces quatre petites lunes appellées satellites, ou astres de Medicis, qui ont pareillement leur mouuement particulier autour de Iupiter, & enfin de Saturne auec ses deux anses ou petites lunes, qui tournent aussi autour de luy d'vn mouuement particulier. Ce qui arriue à tous les corps qui enuironnent les planetes, qui ont tous leur mouuement propre sur leur axe autour des mesmes planetes, auec lesquelles elles se meuuent toutes ensemble autour du Soleil, pour en receuoir la lumiere & les influences qui leur sont necessaires.

Il reste à parler du Ciel des estoilles fixes, appellé firmament, qu'ils estendent beaucoup plus que les defenseurs des autres Systemes, & qu'ils font immobile, renuoyant son mouuement, s'il en a, à celuy de la terre, qui s'auance d'vn mouuement fort lent vers l'Occident.

Les Coperniciens donnent vne tres-vaste étenduë aux estoilles & au firmament, & pensent que toute la sphere de la region des planetes qui sont

autour

autour du corps du Soleil n'eſt qu'vn point à l'égard de ce Ciel. Ils diſent encore que le Soleil eſtant veu d'vn homme qui ſeroit dans les eſtoilles fixes, paroiſtroit ſeulement comme vne eſtoille ordinaire, & que les planetes ne pourroient eſtre decouuertes, non plus que Iupiter & ſes Satellites, qu'auec d'excellentes lunetes. Cette penſée ne manque point de probabilité.

Quant à la terre & l'eau, ils en font vn globe enuironné de la hauteur de deux lieuës, d'vn air plein de vapeurs, communement appellé Atmoſphere, & le reſte de l'air & du Ciel eſt vn eſpace plein d'vne ſubſtance tres-pure, tres-mobile, & tranſparente. Car pour le feu Elementaire, ils le croyent fabuleux, ſi par ce feu on entend autre choſe que la lumiere du Soleil répanduë dans les eſpaces qui ſont entre le Ciel & la terre.

Le troiſiéme & dernier Syſteme, a pour Autheur Tycho Brahé Seigneur Danois, qui tient le milieu entre les deux autres. Il étoufe d'abord auec Copernic, le feu elementaire de Ptolomée, & des Peripateticiens, & demonſtre par le mouuement des Cometes, que les Cieux ne ſont point des corps Criſtalins, durs & ſolides, puiſqu'ils ſont penetrez de ces globes lumineux : mais il place la terre immobile au milieu du Ciel ; c'eſt à dire au centre du monde, autour de laquelle la Lune, le Soleil, & le firmament ſe meuuent.

Il a cela de particulier, qu'il veut que les cinq eſtoilles errantes, ou planetes, ſe meuuent autour du Soleil comme autour de leur centre, auec leurs ſatellites aupres d'eux pour en receuoir le mouuement general. Ainſi le Soleil ſe tournant d'vn mouuement diurne & annuel autour de la terre, emporte ces cinq planetes ; ſi bien que Mercure & Venus qui ſont plus prés de cet aſtre que la terre, font des cercles de reuolution, qui ne la renferment pas. Mais elle n'eſt enuironnée que par Mars, Iupiter, & Saturne, qui pour en eſtre plus éloignez, l'enuelopent dans les contours qu'ils font auec le mouuement du Soleil.

Le Syſteme de Tycho a cela de commun auec celuy de Copernic, que le Soleil eſt le centre des cinq planetes qui tournent autour de luy, & la Lune tourne autour de la terre ; d'où l'on peut voir que ſi on auoit mis le Soleil à la place de la terre, & la terre auec la Lune à la place du Soleil, en changeant le mouuement du Soleil auec le repos de la Terre, on trouueroit le Syſteme de Copernic, que Tycho a traueſty.

Ie pourrois adjouter pour quatriéme Syſteme, l'opinion du fameux Aſtronome Longomontanus ſectateur & diſciple de Tycho Brahé. Il a ſuiuy le ſentiment de cet illuſtre Maiſtre, en mettant la terre comme luy au centre du monde, & faiſant mouuoir la Lune à l'entour en vn mois, & le Soleil auec les cinq autres planetes & leurs ſatellites en vn an. Mais preuoyant qu'il eſtoit difficile d'expliquer comment la Lune, le Soleil auec ſes planetes, & le firmament auec toutes les eſtoilles fixes ſe pouuoient mouuoir en vingt-quatre heures tous les iours autour de la terre ; il iugea à propos de faire tourner la terre ſur ſon axe d'Occident en Orient, afin que ſon mouuement iournalier nous peuſt faire paroiſtre que la machine des Cieux & des Aſtres ſe meut tous les iours d'Orient en Occident en vingt-quatre heures : ainſi il a ingenieuſement partagé les deux mouuemens de la nature, donnant le diurne à la terre, qui a moins de chemin à faire, & laiſſant les autres mouuemens oppoſez, aux Cieux & aux Aſtres.

C'est tout ce que i'auois à dire en peu de mots des trois principaux Systemes du Monde, sans en parler à fond, ny mesme toucher quelques nouvelles opinions qui y ont adjoûté ou diminué; comme ont fait les Semicoperniciens. Ie reserue cette grande matiere pour le traité des Cieux, où nous esperons nous expliquer plus amplement. Mon dessein n'a esté icy que de representer ces trois Systemes pour faire conceuoir la disposition de l'Vniuers, que i'entreprens d'expliquer en general dans nostre Physique vniuerselle. Tout ce que i'en peux dire par auance, c'est que le Systeme vulgaire, qui est de Ptolomée, est moins probable que les autres pour plusieurs raisons; mais particulierement à cause qu'on est assuré que Venus & Mercure ne sont pas tousiours au deçà du Soleil, mais quelque fois au delà ; c'est à dire, à nostre égard au dessus, paroissant aussi à costé; & partant ils se meuuent autour du Soleil, comme les obseruations des Phases de Venus le demonstrent. Ainsi ces planetes estant tantost plus prés ou plus éloignés de la terre, elles se baissent & se haussent ; ce qui ne pourroit estre si les Cieux estoient solides, & que ces deux planetes roullassent autour de la terre. Il s'ensuit de là que l'vn des deux autres Systemes sera le meilleur. Celuy de Copernic semble le plus simple & le plus facile à expliquer: mais d'autant qu'il y a des passages formels dans l'Escriture qui attribuent le mouuement au Soleil, & le repos à la terre, & que l'on parle d'vne decision de l'Eglise, qui veut que les passages de la Bible ne se puissent point entendre du mouuement apparent du Soleil, ny du repos apparent de la terre; il nous reste à nous autres, qui auons la derniere soûmission aux ordres de l'Eglise, de retenir le Systeme Tycho, que nous defendrons en son lieu.

De la grãdeur du Monde.

Quoy que Pline nous assure, que c'est vne folie qui passe iusqu'à la fureur, de tourmenter son esprit à rechercher la mesure du monde, & d'oser la produire comme si on l'auoit trouuée: neantmoins il est bien raisonnable de monstrer qu'il est plus grand qu'il ne paroist à nos yeux, & que Dieu l'a fait d'vne si vaste étenduë, pour faire éclater sa gloire, & nous tenir dans vne admiration d'autant plus respectueuse de son ouurage, que l'esprit humain n'y peut rien determiner ny comprendre.

Les premiers hommes qui ont ignoré les Sciences Physiques & Mathematiques, se conduisant seulement par les sens, n'ont pas fait le monde plus ample que l'Horison qui bornoit leur veuë. Mais comme ils n'étendoient pas de beaucoup de lieuës cet Horison visuel, où ils renfermoient les Astres; ils se sont persuadez grossierement, que le monde n'estoit pas plus grand qu'il leur paroissoit, & que les Astres touchoient ou approchoient de fort prés des extremitez de la terre. Cette ignorance des choses celestes, a donné lieu à plusieurs fables, comme à celle des peuples Hyperborées, qui touchoient au Ciel auec la teste; à celle de Promethée, que l'on croyoit auoir monté sur le mont Caucase pour dérober le feu du Ciel; d'Atlas soûtenant les Cieux, & à plusieurs autres fictions qui n'auoient point d'autre fondement, sinon que les peuples s'imaginoient que les obseruateurs des choses celestes choisissoient les plus hautes montagnes, afin de voir les Astres de plus prés, & les connoistre mieux.

Les grands voyages que les hommes ont fait dans la suite des temps, les ont desabusé de cette erreur. Ils ont obserué que le Ciel estoit éloigné de la terre également de tous côtez, que certains Astres qu'ils pensoient estre proche des extremitéz de l'Horison, s'éleuoient sur leurs testes, à mesure que ceux qui leur estoient verticaux, venoient à s'abaisser. Ce qui les a conuaincus que la terre, le Ciel, & les Astres estoient beaucoup plus grands qu'ils ne leur paroissoient à cause de leur éloignement. Les Egyptiens commencerent les premiers à definir imparfaitement la grandeur du monde, par la distance des astres. Ils éloignoient la Lune de la terre de cent cinquante huit lieuës Françoises: Saturne la plus haute des planetes, de trois cens seize lieuës; & le Soleil, qu'ils plaçoient entre la Lune & Saturne, de deux cens trente sept lieuës: enfin ils mettoient les estoilles fixes aussi loin par delà le Soleil, qu'il estoit distant de la terre, & contoient quatre cens septante quatre lieuës de la terre au firmament.

Pythagore au raport de Pline, éloigna dauantage les astres de la terre. Il en mit la Lune à cinq mille deux cens cinquante lieuës françoises, & doublant cette distance il donna la hauteur du Soleil au dessus de la Lune, & la triplant il établit celle des estoilles fixes.

Les Modernes trauaillant sur les anciens, & faisant de plus iustes obseruations, ont beaucoup mieux connu la hauteur des astres; & pour prendre vne mesure plus propre à iuger de ces distances, ils ont employé le demy-diametre de la terre, qui est d'enuiron mille quatre cens lieuës françoises, à trois mille pas Geometriques chacune. Ptolomée a creu que la Lune dans son plus grand eloignement en estoit distante de soixante quatre demy-diametres; Copernic de soixante-huit, & Tycho de soixante. Quoy qu'ils soient encore vn peu differents pour la distance du Soleil, ils conuiennent tous neantmoins qu'il en est enuiron onze fois plus loin que la Lune.

Cependant ces trois illustres Obseruateurs n'ont pas voulu confesser leur ignorance à mesurer la distance des estoilles fixes, d'où l'on tire la grandeur du monde. Ptolomée les a mises à dix-neuf mille diametres de la terre, Tycho seulement à quatorze mille, Copernic les a éloignés infiniment dauantage, pour faire le monde plus grand que tous les autres. Pour parler conformement à son docte Systeme, il a soûtenu que les estoilles du firmament estoient si éloignées du grand monde (qui est le solaire, auec la terre & ses autres planetes,) qu'elles ne paroissoient qu'vn point à l'égard du firmament; d'où estant regardé, il ne paroistroit pas plus grand qu'vne des estoilles nous paroist; & si on s'en éloignoit encore dauantage, il viendroit en vn point, & puis il disparoistroit.

Mais à dire la verité, toute cette supputation de l'éloignement des estoilles est arbitraire, & sans aucun fondement, puisque la distance des astres ne se peut obseruer que par les Paralaxes, qui seront expliquées ailleurs, & que nous n'en auons pû prendre pour les estoilles fixes, ny mesme pour Iupiter & Saturne. Cela est si constant, que l'on ne les obserue que difficilement, & imparfaitement pour le Soleil: ce qui oblige tous les Astronomes d'aduoüer que le globe terrestre n'est qu'vn point à l'égard du firmament & des estoilles.

Afin de comprendre cette doctrine de Copernic, supposons que la terre se meuue vers le firmament, passant vis à vis des planetes, elle diminuëra sensiblemét à nos yeux, ne paroissant pas beaucoup plus grosse que la Lune quand elle sera auprés d'elle, & diminüera si fort vis à vis du Soleil, qu'elle ne paroistra que comme vne grande estoille ; & puis arriuant à Saturne, elle paroistra comme la plus petite estoille, de sorte que montant plus haut vers le firmament, elle nous disparoistra tout à fait. Si la terre, dont le circuit est de dix mille huit cent lieuës, n'est qu'vn point à l'égard du firmament, & mesme à l'égard des planetes plus éleuées que le Soleil; que sera-ce dont si on la compare dans l'opinion de Ptolomée auec les deux Cristallins, ou auec le premier mobile, ou si suiuant l'opinion des saints Peres, on la compare auec l'Empirée, qui est cette Region quarrée, dont S. Iean fait mention dans son Apocalypse. Que sera-ce enfin si dans l'opinion de Copernic, nous enfonçons les moindres estoilles dans le firmament, où elles ne paroissent petites à ceux qui les obseruent auec des lunettes, que parce qu'elles sont plus hautes. Ces estoilles du firmament sont peut-estre autant distantes les vnes des autres, que chacune est eloignée du monde Solaire, qui n'est qu'vne estoille à l'égard de la grandeur des Soleils du firmament, que nous nommons des estoilles, pource qu'elles nous paroissent petites à cause de leur éloignement.

Archimede remarque qu'Aristarchus, qui est vn des Anciens qui a esté suiuy de Copernic, éloignoit les estoilles fixes du Soleil de dix mille Semi-diametres du grand monde, c'est à dire des Diametres de la terre quatorze millions: & Lanspergius Sectateur de Copernic, pousse cette mesme distance iusqu'à vingt-huit mille Semi-diametres du grand Monde, dont il fait chaque demi-diametre quinze mille fois plus grand que celuy de la terre, qui répondent à quarante millions des Diametres de la terre.

Que si Tycho leur obiecte que Saturne estant seulement éloigné de douze mille neuf cens lieuës, il y auroit des espaces vuides immenses & inutiles entre son Ciel & celuy du firmament ; ils luy répondent qu'ils peuuent liberalement, & sans qu'il leur en coûte rien, élargir ces espaces pour sauuer vn si beau Systeme que le leur, puisqu'il n'a point d'autre raison de les estrecir que son caprice, & que cela seruira à faire éclater la puissance & la magnificence du grand Ouurier du monde, qui n'aura pas épargné ny la matiere dont il a fait le monde, ny le lieu où il a placé ses parties. Il soûtient que ces Philosophes sont aussi ridicules de blâmer cette étenduë d'espace, qu'ils veulent estre superfluë & inutile entre Saturne & le firmament, que seroient des païsans ou des bourgeois, qui ignorant les regles de l'Architecture, condamneroient les magnifiques Cours du Louure, où l'on auroit pû pratiquer le terrain pour y faire des bastimens & des ruës. Adjoûtez que la distance des planetes & de la terre autour du Soleil, n'est pas plus considerable à l'égard des estoilles, que celles des satellites de Iupiter l'est à nostre égard.

La Conclusion de la question proposée, sera que nonobstant que le monde soit vn estre necessairement borné & finy; neàtmoins il est tres-grand: & d'autant quil surpasse toutes les mesures qui nous sont connuës, nous pouuons dire auec Descartes, qu'à nostre égard il est immense & indefiny. C'est tousiours beaucoup pour l'homme, qui est vne aussi petite partie de la terre que la terre est vne petite partie du monde, de s'estre seruy de son Diametre comme d'vne eschelle pour monter iusqu'aux planetes, afin d'en mesurer la grandeur & la hauteur. S'il est arriué que cette eschelle ait esté trop courte pour aller plus loin, cela doit auertir l'homme de sa propre bassesse, & de la foiblesse de son esprit, qui n'a pû s'éleuer plus haut. Il comprendra par là, que le monde est

plus

plus grand qu'il ne se peut imaginer; ce qui luy donnera plus de veneration pour les grands ouurages de la main de Dieu. Cette reflexion luy ostera cette vaine pensée, qu'il a d'estre au dessus de toutes les creatures corporelles, & l'empéchera de mépriser vn si bel ouurage qu'est le monde, en s'imaginant qu'il n'est fait que pour son vsage. Mais ie voudrois bien demander à l'homme quelle vtilité il tire d'vne infinité de choses qui demeurent cachées dans le sein de la terre, & d'vne infinité d'autres creatures qui l'incommodent, ou qui luy font la guerre? Comment se pourra-il persuader sans presomption, que toute la machine du monde ne trauaille que pour luy, & qu'elle n'est pas destinée à d'autres fins qui regardent la gloire de son Ouurier? Mais s'il y a quelque auantage que l'homme puisse esperer de la diuersité de toutes les creatures, & de tant d'Astres qui sont encore à découurir; c'est de connoistre par là qu'il est vne des plus petites, & des plus viles creatures de l'Vniuers, dont il doit admirer & adorer l'Ouurier, qui a fait vne si excellente machine pour manifester sa Grandeur.

Si on lit dans la sainte Escriture, que Dieu a soûmis toutes choses à l'homme, cela ne se doit entendre, que des choses terrestres, dont la raison luy donne la connoissance & l'vsage; & non pas de toutes les parties du monde, qui regardent la seule gloire de Dieu.

Quant à la troisiéme partie de nostre dissertation, qui doit examiner la figure du monde, il faut demeurer d'accord qu'il en a vne, puisqu'il est finy & borné: Mais comme nous auons fait voir qu'il est si grand que nous n'en pouuons connoistre les extremitez; il nous faut conclure auec Epicure, qu'il peut auoir separement toute sorte de figures, quoy que nous n'en puissions determiner aucune. *De la Figure du Monde.*

Tant s'en faut qu'Epicure soit blâmable de n'auoir pas parlé affirmatiuement comme les autres Philosophes, de la figure du monde; qu'au contraire nous estimons sa moderation, d'auoir suspendu son iugement sur vne chose si éloignée de sa connoissance, & d'auoir eu la prudence de ne pas prononcer aueuglement sur vne matiere inconnüe aux Philosophes. Il a iugé, apres auoir examiné toutes leurs opinions sur ce suiet, que chacune auoit sa probabilité; & n'a rien voulu decider, de peur d'estre vn iour contraint de retracter ce qu'il auroit auancé, ou de peur que la posterité ne condamnast sa doctrine.

Si quelqu'vn dit que le monde est rond, ie voudrois bien luy demander depuis quand il est reuenu des extremitez du Ciel, pour y auoir appris s'il est bien tourné? s'il a mesuré toutes les lignes droites, qui partent de son centre pour aller à sa circonference? Où prendra-il son centre? ce ne peut estre dans la terre, puisque nous demonstrerons dans son lieu par de conuainquantes obseruations, que la Lune, le Soleil, & les autres planetes, ne se meuuent pas autour de la terre, qui nous paroist dans leur centre. Croira on qu'elle soit dans le centre du firmament? cela ne peut estre à cause de sa distance, car si quelqu'vn estoit dans la Lune, ou dans vne autre planete, il croiroit estre aussi bien au milieu du firmament & du monde, que nous pensons y estre. La raison est que nostre veüe nous forme tousiours vn Horison qui nous fait imaginer que nous sommes au milieu du monde. Comme celuy qui est parmy les broüillars découure autour de luy vne sphere qui luy persuade qu'il est dans le lieu le plus clair de cette vapeur, & celuy qui est sur mer se represente vn circuit d'eau qui luy fait croire faussement qu'il est au milieu de la mer; ainsi la veüe n'est pas vn bon argument pour prouuer que la terre est au milieu du monde, dont nous ne trouuerons iamais le centre, si nous ne connoissons ses extremitez: mais elles seront tousiours ignorées, tant que nous croirons que les plus petites estoilles du firmament ne nous paroissent telles, que parce qu'elles sont plus enfoncées dans le Ciel: peut-estre mesme que celles que nous ne pouuons voir qu'auec des lunetes, sont encore plus éloignées: la coniecture estant qu'il y en a beaucoup que nous ne verrons iamais, si nous n'auons de merueilleuses lunetes, ou si nous ne nous en approchons.

Il est vray que personne ne peut parler assurement des extremitez du monde, à cause de leur éloignement; car si quelqu'vn dit que les Cieux sont solides, on luy pourra soûtenir qu'ils sont fluides, & que les astres s'y meuuent comme les poissons dans l'eau, & les oyseaux dans l'air, où qu'ils s'y reposent comme la terre au milieu des airs: S'il assure au contraire que les Cieux sont fluides, on les luy fera solides auec Aristote & Ptolomée, & on y fera, si vous voulez, remuer les Astres comme des globes qui rouleroient par des tuyaux. Si on veut que les Cieux se meuuent auec Ptolomée, on expliquera cela du mouuement qui paroist à ceux qui sont sur la terre, que Copernic fait tourner. Si on fait le monde rond, aussi tost vn autre Philosophe viendra dire qu'il est quarré, ou qu'il a quelqu'autre figure. De sorte qu'Epicure a eu raison d'écouter tout ce que les Philosophes ont dit de la figure du monde, & de n'en rien decider, à cause qu'ils ne luy ont fait voir aucuns raisonnemens qui le pussent determiner à prendre vne opinion plustost qu'vne autre.

Empedocle, & plusieurs autres Anciens, ont creu que la figure du monde estoit ouale; d'où viẽt que Plutarque & Macrobe disent qu'ils croyoient l'œuf vne chose sacrée, à cause qu'il representoit la figure du monde. Quelques autres Philosophes, au raport de Tatius, la font Conique. Parmenides vouloit que le monde fût entouré de grandes bandes qui le cintroient, & le rendoient plus ferme. Leucipe & Democrite vouloient que les dehors du monde fussent semblables à la tissure d'vn grand raiseau parsemé d'estoilles, dont ils enuironnoient le monde.

La Figure Conique est celle qui est sẽblable à nos pains de sucre.

Mais la plus commune opinion, qui est vniuersellement receüe du vulgaire comme de la plus part des Philosophes, est celle qui dit auec Pythagore, Platon, Aristote, & tous les Stoïciens, que le monde est parfaitement rond, & si bien tourné (dit le mesme Aristote au second liure du Ciel) que nous n'auons rien parmy les ouurages de l'art, si poly & si exactement arrondy.

Ie remarqueray icy vne chose fort curieuse rapportée par Plutarque, qui dit que Pythagore ayant enseigné à Numa que le monde estoit rond, & que le feu, ou autrement le Soleil, estoit au centre; il l'obligea de representer cette verité naturelle, dans le Temple des Vestales, qu'il fit bastir en rond, & où il commanda qu'on gardast le feu sacré au milieu.

Les Raisons dont on se sert pour prouuer que le monde est de figure ronde, se prennent de l'excellence & de la capacité de cette figure, & de sa disposition pour le mouuement circulaire. Qui a-il de plus beau, dit Ciceron, que cette figure, qui seule contient toutes les autres? qui n'a aucune aspreté, ny aucune inégalité qui puissent offenser ceux qui la touchent ; elle n'a ny angles, ny sinuositez, ny cauitez, ny tumeurs ; & comme les deux plus belles Figures, sont le globe entre les solides, & le cercle entre les plans : Il ne conuient qu'à elles seules d'auoir toutes leurs parties semblables, & également éloignées du centre. Platon dit que Dieu a donné au monde la plus belle de toutes les figures, & celle qui luy conuenoit le mieux pour contenir tous les autres animaux, comme cette figure contenoit toutes les autres. Aristote adjoûte, qu'estant euident que le Ciel se meut autour du monde, il faut conclure qu'il est rond ; d'autant que s'il auoit vne figure angulaire, ou quelqu'autre qui eust des parties eminentes, elle laisseroit apres soy vn espace vuide ; ce qu'il croyoit impossible, d'autant qu'il n'admettoit ny lieu ny temps hors du mõde. In Timeo.

Velleius répond à la premiere Raison, tirée de l'excellence & de la beauté de la figure ronde ; & dit, qu'il admire la stupidité de ceux qui croyent que le monde est vn animal immortel, qui a receu la figure ronde, qui est au sentiment de Platon, la plus belle de toutes ; quoy qu'il croye que le Cylindre, le Cube, le Cone, ou la Pyramide passeront tousiours pour estre plus belles. A la verité, la figure ronde est la plus polie & la plus simple de toutes ; mais elle n'est pas pour cela la plus belle. Car nous pouuons bien retorquer contre Platon, ce qu'il obiecte à Hippias, luy faisant expliquer la doctrine de Socrate sur la nature de la beauté. Ce Philosophe y soûtient, que toutes les figures, & principalement les regulieres, ont chacune leur beauté, leurs auantages, & leur recommandation. Tarditatem.

Si c'est vn sentiment commun de toutes les Nations, que la varieté plaist & réjoüit les sens ; pourquoy est-ce que les figures raportées par Velleius, & toutes les autres qui auront encore plus d'angles & de faces, ne seront-elles pas plus belles & plus excellentes que la ronde ; puisque celle-cy se découure à la veüe tout d'vn coup, & que les autres la diuertissent plus long temps ? Pourquoy l'homme, qui est le plus excellent des animaux, n'a-il pas receu la figure ronde, si elle est la plus excellente de toutes ? pourquoy seroit-il en cela plus imparfait que les oignons, que les oranges, ou les pommes, qui approchent plus prés de la perfection de cette figure ? Il s'ensuiuroit que la taille la plus parfaite, seroit celle de ces gros hommes, qui semblent plus propres à rouller qu'à courir : pourquoy les pierres precieuses, comme les diamants, sont-ils trouuez plus beaux & plus éclatans quand ils sont taillez, que lors qu'ils sont ronds ? Si l'égalité & la simplicité sont si estimables, pourquoy la façon & la diuersité des figures est-elle si fort recherchée dans les Edifices, dans les Habits, & dans toute sorte d'ouurages ? Ils auront plus de raison s'ils disent que c'est la necessité du mouuement plustost que la beauté du monde qui le fait croire rond : mais s'il est probable qu'il soit immobile, n'aurons-nous pas plus de raison de luy dõner la figure Cubique, ou Pyramidale, qui sont les plus propres pour la fermeté d'vn corps qui est dans le repos ?

Quant à la capacité de la figure ronde, à la verité elle est la plus grande qui puisse se rencontrer sous vne égale superficie, ou circonference. Mais pourquoy n'ajoustera-on pas quelques angles, ou quelqu'autres parties pour luy donner plus d'étendüe, particulierement à l'égard du monde qui doit contenir toutes choses ? Si vous dites qu'en vain on y établiroit vne figure qui eust plus de circonference que la ronde; puisque la nature ne fait rien d'inutile; ie vous répondray, auec la mesme raison, que tous les corps qui sont dans le monde deuroient estre ronds, afin que la nature n'eust rien fait de superflu. D'ailleurs c'est faire tort à Dieu, qui est assez liberal pour auoir donné autant de matiere qu'il en faut pour la composition, & pour l'ornement de ses creatures.

Platon veut que le monde soit vn grand animal tout rond, pour estre plus capable de contenir tous les autres animaux. Mais s'il estoit rond, il ne les pouroit loger sans laisser dans son corps plusieurs espaces vuides. Ce qui me fait dire qu'il auroit beaucoup mieux fait d'auoir soûtenu, que le monde estoit angulaire, pour auoir vne figure semblable à celle des animaux, & plus propre à les contenir dans ses angles. Il soûtient que le corps qui enuironne, doit estre de la mesme figure que les Elemens & les Astres qui sont contenus dans le monde comme des corps ronds: mais il ne voit pas qu'il est inutile que le corps qui en contient d'autres de differente nature, soit de la mesme figure; puisque l'experience nous fait connoistre que le corps de l'homme n'est pas de la figure du cœur & du cerueau qu'il renferme.

La Raison tirée du mouuement du Ciel, pour prouuer la rondeur du monde, n'est pas concluante, puis qu'on doute du mouuement du Ciel, & de ce qui est au delà du premier mobile; d'autant qu'on ne peut penetrer iusques-là, & que S. Iean nous asseure dans son Apocalypse, que le monde est terminé par vne Region quarrée, que les Theologiens expliquent du Ciel empirée, dont ils font le seiour des Bien-heureux. Il s'ensuit delà, que le monde deuroit estre plustost quarré que rond; la raison nous obligeant de croire à la reuelation infaillible du S. Esprit, sur vne matiere où la Philosophie ne peut rien decider, ny mesme bien coniecturer.

Qui constituit ipsum vt laquear, & extendit ipsum, vt tentoriũ.

Plusieurs saints Peres de l'Eglise, & entr'autres Cæsarius, & S. Augustin, nient que le monde soit rond, à cause de ce passage d'Esaye qui dit, que Dieu a basty le Ciel comme vn lambris, & qu'il l'a étendu comme vne tente.

I'adiouste encore contre le raisonnement d'Aristote, que l'on ne peut inferer le mouuement du Ciel de celuy des Astres, puisqu'ils se peuuent bien mouuoir dans le Ciel immobile, ainsi que nous l'auons monstré cy-dessus, ou comme des oyseaux dans l'air, s'il est liquide, ou des globes dans des canaux, s'il est solide. Enfin Aristote soûtient que le monde ne peut tourner, s'il est angulaire: mais qui l'empéchera, puisque rien ne brisera, ny retiendra ses angles. Pour le vuide qu'ils laisseroient apres eux, il n'en arriuera aucun inconuenient, dans le sentiment de ceux qui le defendent contre sa Doctrine.

On me peut demander comment la pesante masse du monde pourra estre soûtenüe dans les espaces Vltramondains sans tomber. Ie réponds que naturellement le monde doit demeurer ferme dans le lieu où Dieu l'a creé, puisqu'il n'y a aucune cause qui le pousse ailleurs, ny aucun terme de son mouuement, & que toutes ses parties le pressant vers son centre, il faut qu'elles le rendent immobile. Manile pour oster l'admiration que nous auons de voir ainsi la terre suspendüe au milieu des airs par son propre poids, nous dit par ces Vers qu'il faut faire le mesme iugement du monde entier.

Ne verò tibi naturæ admiranda videri
Pendentis terræ debet, cum pendeat ipse
Mundus, & in nullo ponat vestigia fundo.

LES ESSAIS PHYSIQVES DV S^R DE LAVNAY

LIVRE PREMIER.

DV MONDE EN GENERAL.

DISSERTATION QVATRIE'ME, si le Monde est animé.

IL n'y a point eu de question, ny plus celebre, ny plus curieuse parmy les Anciens, que celle qu'ils ont faite, pour sçauoir si le monde entier estoit animé.

Apres auoir consideré le Systeme de ce grand Vniuers, ils ont examiné s'il estoit vn assemblage de parties detachées les vnes des autres, qui fussent seulement ordonnées entr'elles pour faire vn tout semblable au corps d'vne Armée, ou d'vne republique ; ou bien si ces parties estoient aussi estroitement assemblées & contiguës, que sont celles d'vn nauire ou d'vne maison ; ou enfin si l'vnion de tous les estres sensibles qui sont dans la nature, estoit aussi parfaite & aussi continuë qu'est celle des parties qui forment le corps des animaux.

Quoy que plusieurs Philosophes ayent fort éloigné les parties de l'Vniuers les vnes des autres, & que d'autres qui les ont faites contiguës, ayent admis entr'elles de certains petits espaces vuides ; neantmoins, ils sont tous demeurés d'accord, que toutes ces parties estoient si bien disposées entr'elles, qu'elles auoient vne mutuelle communication.

L'estat de la question presente est donc de sçauoir, si toutes les parties de l'Vniuers sont penetrées par vne substance tres-pure, & tres mobile, qui les anime, qui les meuue & qui les conserue, comme nous croyons, que l'ame sensitiue meut & conserue les bestes ; De sorte que l'absence de cette ame vniuerselle du monde causast la dissolution entiere de la nature, comme la retraite de l'ame sensitiue cause la mort des animaux.

Pythagore & Platon sont les plus celebres Physiciens qui ont soustenu que le monde estoit animé. Aristote a eu le mesme sentiment, enseignant que les Cieux & les Astres estoient des estres viuans, & admettant selon la pensée de ses Interpretes Arabes, vn entendement vniuersel dans toute la nature. Les Stoïciens ont deffendu la mesme opinion sous le nom d'vn feu vniuersel qui penetroit toutes choses. Les Cabalistes & les Chymistes l'ont confirmé par leur feu central, leur Archée, ou leur Esprit vniuersel. Enfin les Philosophes en ont parlé si souuent, que ç'a esté vne opinion tres-commune parmy les Anciens, qui ont presque tous creu que cette ame vniuerselle estoit tellement diffuse dans tous les estres corporels, qu'il n'y en auoit aucun qui ne fust viuant & animé.

Spiritus intus alit, totamque infusa per artus
Mens agitat molem, & magno se corpore miscet.

Les defenseurs de l'ame du monde la definissent, vne substance tres-pure & tres-subtile qui penetre, & est presente à tous les estres de l'Vniuers. Ils asseurent qu'elle est composée de deux parties, dont l'vne est spirituelle, & l'autre materielle, mais d'vne matiere bien plus pure que le corps. Cette premiere partie de l'ame est appellée par Platon, l'intelligence ou l'esprit. La seconde est appellée l'ame, & la derniere partie le corps, lors qu'il dit dans son Timée, que l'esprit est contenu dans l'ame, & l'ame dans le corps.

In Timeo mens in anima, anima est in corpore.

Mercure Trismegistes passe plus auant, & compose le monde de cinq parties, sçauoir de l'intelligence qui est dans la raison, de la raison qui est dans l'ame, de l'ame qui est dans les esprits, & des esprits qui sont dans le corps. Il dit que l'intelligence & la raison sont deux choses immaterielles; que les esprits & le corps sont deux choses materielles, & que l'ame sert de milieu pour ioindre ces deux extremitez.

Mens, in ratione, ratio in anima, anima in spiritu, Spiritus in corpore.

Pythagore a definy l'ame du monde, vn nombre ou vne harmonie, qui auoit le pouuoir de se mouuoir elle-mesme, & de mouuoir la chose où elle estoit contenuë. Platon n'a pas dit que cette ame estoit vn nombre, mais vne substance qui se mouuoit d'elle-mesme auec harmonie. Nous accorderons facilement ces Autheurs, si nous disons que Pythagore en appellant l'ame vn nombre, a pris le nombre pour la chose nombrée, c'est à dire pour vne substance harmonique, à cause du nombre & de l'arangement des parties ou des atomes dont ces Philosophes composoient les ames. Platon soustient, quand il veut faire abstraction de l'eternité du monde, que Dieu en crea l'ame auant le corps ou la matiere, & qu'il la composa de deux parties (*Ex eodem & diuerso*) c'est à dire d'vne substance spirituelle & indiuisible, appellée *idem*, & d'vne matiere diuisible, appellée *diuersum*. De sorte que l'ame du monde estoit vne troisiéme nature qui resultoit de la composition & du mélange de la substance corporelle & de la spirituelle.

Numerũ se ipsum mouentem.

Pour l'harmonie des ames ou le quaternion, qui estoit le iurement des Pythagoriciens, nous renuoyons cette obscure & chymerique doctrine à vn plus long examen. Il nous suffira de dire icy en passant que Platon & Pythagore trouuoient vne plus grãde proportion entre les atomes ou les petites parties dont ils composoient les ames, que les plus grands Musiciens n'en trouuent dans leurs plus iustes accords des tons & des nombres. Voicy la forme du serment des Pytagoriciens.

Iuro per quem animæ datus ille quaternio nostræ.
Naturæ seruans fontem ortumque perennis.

Apres auoir parlé de l'opinion des anciens, touchant l'ame du monde, il nous faut à present examiner s'il y en a vne.

On pourra dire auec quelque sorte de raison que l'Vniuers est animé, si on prend Dieu pour l'ame du monde, d'autant que par son essence, & par sa puissance il est tres-present à toutes les parties de l'Vniuers, qu'il penetre, qu'il regit & qu'il anime. A la verité, Dieu n'est pas vne ame informante, & qui entre en composition auec les parties de l'Vniuers, de la façon que l'ame des animaux ou de l'homme informe leur corps; mais il peut estre pris pour vne ame assistante, qui gouuerne ce grand corps de la nature, & le regle dans tous ses mouuemens. C'est par l'idée de l'ame du monde, que la plusspart des anciens ont connu Dieu, soit comme premier moteur, ou comme moderateur de l'Vniuers. En ce sens là ils l'ont appellé nature vniuerselle, qui faisoit agir les creatures inferieures & singulieres.

Comme l'homme ne peut naturellement former des idées de Dieu que par les creatures, nous pouuons asseurer que la plus parfaite connoissance qu'il en puisse auoir se doit prendre de l'ame comme de la plus excellente de ses creatures. Dieu sera donc bien representé par l'ame du monde, puis qu'il est de tous les estres le plus excellent & le plus noble, & qu'il est répandu sur toutes les creatures, lesquelles à la façon de l'ame, il conserue & il anime. Sans son secours & sa presence toutes les parties de l'Vniuers, ne peuuent non plus se preseruer de corruption, que les membres du corps humain qui sont abandonnés de leur ame. Pour continuer la comparaison de Dieu auec la connoissance que nous auons de l'ame, nous dirons que comme l'ame agit differemment dans les corps, suiuant la diuersité des membres, Dieu agit aussi dans l'Vniuers, conformement à la disposition des parties dont il l'a composé, & comme la presence de l'ame est prouuée par ses actions; on conclud que la presence de Dieu est necessaire dans toutes les parties de l'Vniuers, parce qu'il les anime, & qu'il les fait agir. Comme le corps dépend absolument de l'ame dans toutes ses actions, de mesme tout ce qui se fait dans la nature dépend necessairement de Dieu, qui donne le mouuement à toutes choses. C'est cette verité qui a fait dire aux Poëtes que Iupiter remplissoit toutes choses, & qu'il se rencontroit dans toutes les parties du monde.

Iupiter est, quodcumque vides. Iouis sunt omnia plena.

Il est encore bon de dire que le monde est animé, si par l'ame du monde on entend cette chaleur naturelle que tous les Philosophes croyent estre répanduë dans toutes les parties de l'Vniuers, comme vn principe qui entre dans leur composition. Les vns veulent que cette chaleur soit particuliere, comme la chaleur qui se rencontre dans la terre, causée par les feux sousterrains; les autres disent que cette chaleur vniuerselle procede du Soleil, qui est comme le cœur du monde, qui la répand dans toutes les parties de l'Vniuers, ainſi que le cœur diſtribuë ſa chaleur viuifiante dans tous les membres de l'animal. Cette opinion eſt deffenduë par les Lulliſtes, ſous le nom d'Archée, ou d eſprit vniuerſel, & par les Chymiſtes ſous le nom du feu central, ou concentré dans la nature de tous les eſtres.

Democrite & Epicure ſont demeurez en quelque façon d'accord que le Monde eſtoit animé, lors qu'ils ont ſouſtenu que toutes choſes auoient vne eſpece d'Ame, en tant qu'elles auoient des ſemences de chaleur (c'eſt à dire, des Atomes Spheriques & Ignées) qui ſeruoient de matiere pour produire les Ames, & qui eſtoient dans leur penſée, les vrais principes du mouuement, du ſentiment, & du raiſonnement. Ils croyoient que ces atomes ronds & lumineux, ſe rencontroient dans tous les corps de la nature; mais plus abondamment dans ceux qu'on appelloit communément animés, comme dans les plantes, dans les animaux, & dans les hommes.

Hypocrate & Ariſtote ont pareillement admis vne chaleur naturelle répanduë dans tous les corps, laquelle ſe trouuant auec toutes les choſes requiſes pour ſon action, ſe pouuoit changer en Ame, & engendrer les choſes viuantes. Cette doctrine ſe peut fort raiſonnablement accorder auec le ſentiment des Pythagoriciens & des Stoiciens, qui diſoient encore, que ſi vne choſe eſtoit chaude, elle eſtoit animée, prenant touſiours l'ame ſous quelque analogie auec celle des plantes, des beſtes, ou de l'homme. Mais ſi nous prenons le nom d'Ame à la rigueur, elle ne peut conuenir au Monde en general, qui ne peut proprement eſtre animé, ainſi que ie le vais prouuer.

Si le monde eſtoit animé nous le connoiſtrions par les fonctions, ou de l'Ame vegetatiue, ou de l'Ame ſenſitiue, ou de l'Ame raiſonnable; puiſque l'exiſtence des cauſes n'eſt eſtablie que par la demonſtration de leurs effets: Or l'induction ſuiuante nous fera voir que le Monde ne produit aucune des operations de ces trois ames; donc il faut conclure, qu'il n'y a aucune raiſon qui nous perſuade qu'il eſt animé.

Premierement il n'exerce aucune des fonctions de l'Ame vegetatiue, qui ſont la nourriture, l'accroiſſement, & la generation. Car le monde eſtant incorruptible de ſa nature, n'a pas beſoin de trauailler à la generation, que Dieu a ſeulement donnée aux choſes viuantes & periſſables dans les indiuidus pour la conſeruation de leur eſpece. Adiouſtez que cette multiplication ſuppoſeroit neceſſairement la multitude des Mondes, & la diuerſité des ſexes parmy eux, pour en produire de nouueaux, qui ſont des choſes ſi abſurdes qu'elles n'ont pas beſoin d'eſtre refutées.

On ne peut pas dire auec plus de raiſon que le Monde entier prenne accroiſſement à la façon des choſes viuantes & animées, puiſqu'il eſt tres-certain que toutes ſes parties, comme ſont la terre & les Aſtres, ſont encore à preſent de la meſme grandeur qu'elles eſtoient quand on en a fait les premieres obſeruations, & qu'on n'y a iamais remarqué aucun accroiſſement, ny aucune diminution depuis le temps que les Philoſophes les contemplent auec tant de curioſité.

Il ſemble qu'il y a vn peu plus de difficulté pour la nourriture du Monde; d'autant que pluſieurs ont ſouſtenu que ſes parties ſe nourriſſoient reciproquement les vnes des autres. Ils vouloient que les corps celeſtes tiraſſent leur aliment des vapeurs & des exhalaiſons de la Terre, & que les corps inferieurs & ſublunaires receuſſent l'influence des Cieux & des Aſtres, comme vne roſée viuifiante capable de les animer & de les nourrir; mais ſi les plantes & les animaux reçoiuent leur nourriture d'vn corps eſtranger, qu'ils attirent & conuertiſſent en leur propre ſubſtance par le moyen des organes deſtinez pour faire la digeſtion, il faudroit que le monde tiraſt ſes alimens du dehors, & qu'il euſt des parties propres à les digerer, pour conclure raiſonnablement qu'il ſe nourrit. Car de pretendre que la terre peut fournir des alimens ſuffiſants pour entretenir les corps celeſtes en leur enuoyant ſes vapeurs & ſes exhalaiſons, c'eſt ignorer que les vapeurs & les exhalaiſons ne montent pas plus haut que la moyenne region de l'air, qui peut auoir tout au plus deux lieuës d'eſtenduë autour de la terre, ainſi que nous le ferons voir dans le Traité des Meteores. I'adiouſte encore pour eſtablir vne plus parfaite refutation de la nourriture des Cieux & des Aſtres que c'eſt vne choſe démontrée cy-deſſus que le globe terreſtre n'eſt qu'vn point inſenſible à l'égard de la moindre Etoile du Firmament; d'où ie conclus que ſi toute la maſſe de ce globe eſtoit entierement diuiſée en vapeurs & en exhalaiſons qui montaſſent méme iuſques aux Aſtres, elles ne ſeroient pas capables de nourrir la plus petite des Etoiles; où prendra-t'on donc dequoy repaître ſuffiſamment tant d'animaux que les Aſtrologues ont logé dans le Ciel? & en quel lieu trouuera-on aſſez de paſture pour faire faire vn bon repas au monde tout entier, dont les premiers Philoſophes ont fait vn ſi prodigieux animal.

Secondement, il n'y a pas plus de raiſon d'attribuer au monde les actions de l'Ame ſenſitiue, puiſque nous ne luy voyons faire aucune fonction des ſens externes & internes, & qu'il n'y a pas d'apparence qu'il ſoit ſuiet aux paſſions. I'aduoüe bien que quelques Philoſophes, qui en ont parlé auſſi fabuleuſement que les Poëtes à qui les fictions ſont permiſes, ont fait du monde vn grand Cyclope, en diſant que le Soleil étoit ſon œil, & quelquefois vſant de metaphore, ils ont ſouſtenu que le meſme Soleil eſtoit placé au centre du monde, comme le cœur de la nature, d'où il répandoit ſa chaleur dans toutes les parties de l'Vniuers, comme le cœur des animaux la répand dans tous leurs membres. Ils ont adiouſté en multipliant leurs metaphores, que le flux & le reflux de la mer dépendoient de l'Aſpiration & de la reſpiration de ce grand Animal, que les fleuues eſtoient ſes veines, les eaux ſoûterraines ſes arteres, les montagnes ſes os, les foreſts ſes crins, les herbes ſon poil; que les vents, les orages & les tempeſtes eſtoient ſes paſſions & ſa colere, que les tremblemens de terre eſtoient ſes eſternüemens, les pluyes & les deluges, ſes reumes & ſes defluxions: & enfin que les feux celeſtes & ſoûterrains eſtoient la chaleur naturelle qui animoit ce fabuleux monſtre, qui n'a pourtant iamais eu qu'vne vie allegorique dans l'imagination de ces esprits visionnaires.

Le mouuement progressif des animaux que la nature leur a donné, pour aller chercher le bien qu'ils n'ont pas, ou pour s'éloigner du mal qui les attaque, ne peut conuenir au monde, qui n'a rien à chercher hors de luy, puisqu'il contient toutes choses, & qui n'a point d'ennemy à éuiter, puis qu'il est seul. Si le monde a vn mouuement circulaire, & que ses parties se meuuent de haut en bas, & de bas en haut, on ne peut pas se seruir de ces mouuemens, pour prouuer qu'il a vne ame, puis qu'ils ne sont pas propres aux choses animées.

Troisiémement, il nous reste à examiner, si le monde a de la raison, de la liberté, & l'vsage de la parole, qui sont les trois actions de l'Ame raisonnable. Il est vray que tout ce qui se produit dans le monde, est fait auec conduite & raison; mais cette sagesse n'est pas dans les causes naturelles aueugles & necessitées dans leurs operations, comme sont les Cieux, les Elements & les Plantes; elle est dans Dieu comme cause premiere, qui conduit toutes ses creatures auec sagesse, quand il leur fait executer si fidelement les ordres de la diuine Prouidence, par la production reglée de leurs effets. Il est des ouurages de la nature à l'égard de Dieu, comme des ouurages qui sont produits par des causes instrumentaires, qui agissent auec raison & mesure, quoy qu'elles soient aueugles & insensibles; mais l'ordre & la raison de leur ouurage est dans les causes principales, qui les ont ordonnées, & qui les font agir. C'est ainsi que nous disons que la raison de la figure imprimée n'est pas dans le cachet, mais dans le Graueur, & que l'intelligence qui fait mouuoir reglément vn orloge, n'est pas dans sa machine, mais dans l'Orloger.

Le Monde ne doit pas auoir l'vsage de la liberté, puis qu'il est priué de celuy de la raison qu'elle suppose, & que d'ailleurs il n'a rien à choisir; comme sa determination dans toutes ses operations necessaires & reglées nous le fait connoistre. Il n'y a que l'homme entre toutes les causes naturelles, qui soit libre dans ses actions, à cause qu'il a vne ame spirituelle, & immaterielle, qui est le principe de sa liberté.

La parole n'est pas plus conuenable au monde que les autres fonctions de l'Ame raisonnable. Car n'estant qu'vne copie de la pensée, si le monde n'a point de raison pour penser, il n'aura pas besoin de parole pour exprimer des pensées qu'il ne peut auoir. Si la mesme parole est definie vn instrument que les hommes ont inuenté, pour se communiquer entr'eux dans la vie Ciuile; auec qui le monde, qui est seul, se pourroit-il entretenir?

Il y a long-temps que Pythagore a fait du Ciel vn Musicien : mais cette Musique Celeste est trop éloignée de la raison, & mesme de nos oreilles, pour que nous la puissions écouter. L'Ecriture nous assure bien que toutes les creatures sont autant de langues qui publient l'Existence de leur Createur, & que les Cieux nous racontent les merueilleux effets de sa gloire, & de sa grandeur; mais c'est par vn langage silentieux, qui frappe moins no oreilles que nostre raison, pour la faire monter de la connoissance des effets à celle de la premiere cause, qui les a creés.

La premiere raison, qui a fait recourir les Anciens à l'Ame du Monde, c'estoit pour auoir les moyens d'expliquer d'où procedoient les ames particulieres des Plantes, des Brutes, & des Hommes. Socrate demande chez Xenophon, d'où l'on prend les ames particulieres, s'il n'y en a point vne generale dans le Monde ; & Platon dit, que comme nostre corps est vne partie des corps du monde, de mesme nostre Ame est vne portion de l'Ame du monde. Lactance attribüe ce raisonnement aux Stoiciens. Il ne se peut faire, disent-ils, que ce qui n'a point de sentiment engendre des creatures sensitiues, que ce qui n'a point de raison produise des hommes raisonnables. Le Monde produit des estres doüés de sentiment, & de raisonnement, donc il est sensitif & raisonnable, puisque la Philosophie nous enseigne qu'on ne peut donner aux parties, ce qui ne se rencontre pas dans tout le Composé. Zenon conclud la mesme chose chez Empiricus, que le monde a de la raison, puisqu'il donne les semences des ames raisonnables, ce qui a fait dire aux Stoiciens, & aux Platoniciens apres Pythagore, que le monde n'estoit pas seulement animé ; mais qu'il auoit vne ame intelligente & raisonnable. D'où le Poete a pris occasion d'écrire ces deux Vers, qui sont dans la Bouche de tout le Monde.

Vnde animam attrahimus, si nulla fuerit in mundo.

Vt corpus nostrum corporis mundani pars est, Ita & nostram animam partem esse mundi animæ. In Philœbo lib. 3. cap. 7.

Sine sensu esse non posse, cuius pars habeat sensum. Emp. aduersus Phys. lib. 1.

Spiritus intus alit, totamque infusa per artus
Mens agitat molem, & magno se corpore miscet.

Et ce qui suit.

Inde hominum pecudumque genus, vitæque volantum,
Et quæ marmoreo fert monstra sub æquore pontus.

La fausseté de cette doctrine est manifeste. Car tout ce qui est dans le monde, prend son ame de quelque cause ; mais il n'est pas necessaire qu'il la prenne d'vne chose, qui soit répanduë dans tous les estres, dont il est vn grand assemblage. Il y a dans le monde des choses inanimées, & des choses animées ; pour qui vn animal soit engendré, il n'est pas plus necessaire que tout le monde soit animé, qu'il est necessaire que tout le monde soit de marbre, quand le marbre est produit dans la terre, dont il est tiré. L'animal qui s'engendre ne reçoit pas son ame de tout le monde entier, mais de l'ame particuliere d'vn autre animal, qui la luy communique auec sa semence.

Il faut auoir le mesme sentiment de l'ame des Insectes, qui vient des animaux de méme espece, qui ont fait des œufs, qui se sont répandus dans tous les lieux, où il s'en est produit de semblables, comme nous prouuerons en son lieu. C'est donc vne erreur d'auoir recours à l'ame generale du monde pour la production des Insectes, que nous attribuons ordinairement à toute matiere putride & corrompuë qui les engendre, à cause que nous ne voyons pas leurs œufs ou leur semence.

On ne peut pas conclure que nostre ame soit vne partie de l'ame du monde, comme nostre corps est vne partie des corps du monde, ou de sa matiere. La raison est que toutes ses parties sont materielles & corporelles ; mais elles ne sont pas toutes animées, si on ne suppose ce qui est question.

Concedam (inquit) non modo animantem, & sapientem esse mundum, sed fidicinem etiam & tibicinem, quoniam earum quoque artium homines procreantur.

Ie puis assez agreablement refuter ce que disent ces Philosophes du sentiment & du raisonnement du monde, par la raillerie de Ciceron dans la personne de Cotta, disant qu'il n'accordera pas seulement que le monde est vn animal, & vn animal raisonnable ; mais encore qu'il peut estre vn bon Ioüeur de Luth ou d'Orgues, & de toutes sortes d'Instrumens, puis que les hommes qui sont des parties du monde, sçauent ces Arts: Et Lactance répond au mesme raisonnement en cette sorte ; si le monde, dont l'homme est vne partie, a du sentiment & du raisonnement, pource que l'homme a le sens & la raison, il faut aussi qu'il soit mortel comme l'homme, & suiet à toutes ses passions & à tous ses accidens ; ce qu'ils ne pourroient accorder, sans se contredire & tomber dans vne infinité d'absurdités.

La seconde raison, qui a fait recourir les mesmes Philosophes anciens à l'ame du monde, ç'a esté pour expliquer sa fabrique, & la Prouidence par laquelle il est gouuerné, & comment ce monde est vn Dieu, & les Astres sont des Dieux. Ils estoient persuadez que l'ame estoit la gouuernante, & l'architecte de son corps, comme nous voyons que l'animal l'est du sien ; d'où ils se sont imaginez que s'ils faisoient du monde vn animal, ils pourroient expliquer comment son ame l'auroit formé & basty dans l'ordre où nous le voyons, comment elle le maintient dans l'estat où il est, conseruant toutes ses parties, & leur faisant faire toutes les actions naturelles, qui leur sont conuenables. C'est ce qui les a fait dire que Dieu n'estoit rien autre chose que l'ame du monde, ou l'intelligence & l'esprit vniuersel, qui le viuifioit, & que toutes les ames d'icy-bas estoient des portions de cette ame vniuerselle, ou des emanations, & des particules de la Diuinité. D'où Virgile a pris occasion d'écrire dans son quatriéme des Georgiques.

Esse apibus partem diuinæ mentis, & haustus
Æthereos dixere Deum namque ire per amnes,
Terrasque, tractusque maris, cœlumque profundum.
Hinc pecudes, armenta, viros, genus omne ferarum
Quemque sibi tenues nascentem arcessere vitas.

Et Manile Liure second.

Quid mirum noscere mundum
Si possunt homines, quibus est, & mundus in ipsis,
Exemplumque Dei quisque est in imagine parua.
Et auparauant.
Peruidimus omnem.
Vt capto potimur mundo, nostrumque parentem
Pars sua conspicimus. Et ailleurs.
Quis cœlum posset, nisi cœli munera nosset,
Et reperire Deum, nisi qui pars ipse Deorum est?

Il n'y a rien de si constant que ce Dogme des Stoiciens pris de Pythagore, & de de la Theologie des Payens, qui tenoient que le monde estoit vn Dieu, & que ses parties, comme les Astres, la Terre, la Mer, estoient d'autres Dieux; ce qui a seruy de fondement à l'Idolâtrie.

Afin de refuter leurs raisons, ie voudrois bien leur demander, si ce prodigieux animal qu'ils ont appellé le monde, a tousiours esté, ou s'il a pris naissance. S'ils disent qu'il a tousiours esté, c'est en vain qu'ils ont recours à son ame, pour former & arranger la fabrique de son corps. Car ils supposent la creation du monde pour establir la Prouidence Diuine, & ils la détruisent ailleurs en le faisant Eternel.

Si le monde a commencé, ou il a esté engendré, ou creé. S'il a esté creé, il faut reconnoistre son Autheur, qui a disposé de son ouurage, comme il luy a pleu, en donnant l'estre au corps, & à l'ame du monde tout ensemble. S'il a esté engendré, ç'a esté ou par hazard, ou par conseil: si par hazard, la Prouidence est détruite; si par conseil, donc le conseil des causes, qui luy ont donné l'estre a precedé le monde, aussi bien que son Autheur, & il n'est pas Eternel comme ils le supposent. Quant à la cause qui a produit le monde, elle en est necessairement distinguée, puis que rien ne s'engendre soy-mesme, & par consequent il ne faut pas recourir à l'ame, qui estant vne de ses parties, n'a pû le preceder pour estre la cause efficiente de son ordre.

Quelle apparence de faire du monde vn animal prouident, car s'il contient en luy tout ce qui luy est necessaire; que luy sert la Prouidence? elle luy est aussi inutile, qu'est le soin de la pasture à vn animal, qui a l'estomach continuellement plein. Si le monde a besoin de rechercher quelque chose qui soit hors de luy, ils ont tort de le definir vn animal qui contient toutes choses. S'il auoit de la prouidence, ce seroit ou pour se defendre du mal qu'il peut receuoir de dehors, ou de luy-mesme; mais il n'en peut receuoir d'aucun agent exterieur, puis qu'il est seul; ny de luy-mesme, puis qu'estant prouident il ne se peut nuire. Il est bien vray qu'il faut reconnoistre vne prouidence, qui a disposé, & qui gouuerne le monde; mais cette Prouidence est Dieu mesme, qui n'est pas dans le monde, comme vne de ses parties, ou comme l'ame dans son corps; mais comme vn Pilote dans son vaisseau, ou vn Prince souuerain dans son Estat.

Venons maintenant à la Diuinité que les anciens Philosophes attribuoient au monde, & à ses parties, d'où ont procedé l'impieté & l'idolâtrie des premiers siecles, qu'on ne peut assés refuter.

Ie ne sçaurois m'empescher de blâmer l'emportement de Plutarque contre Epicure, qui l'accuse d'auoir osté l'ame au Soleil, à la Lune, & à toutes les choses ausquelles les hommes adressoient leurs vœux, leurs prieres & leurs sacrifices comme à des diuinitez. Ce grand genie de la Grece dit agreablement, parlant du monde chez Ciceron, qu'il ne peut pas comprendre quelle est la nature de ce Dieu si vaste, si rond & si facile à tourner. D'où Vellius a pris occasion de nous adresser ces paroles: Quelle vie pourrons-nous attribuer à ce Dieu Spherique, pour le faire piroüeter auec vne vitesse inconceuable, & incompatible auec vne bonne assiete d'esprit, & vne vie heureuse

1. de natura Deorum. Non posse se intelligere, qualis sit iste volubilis & rotundus Deus.

& pleine de repos. Il dit ailleurs que c'est plustost vne resuerie de personnes qui dorment qu'vn raisonnement de Philosophes, qui a porté les anciens à donner l'ame & le sentiment au monde, & en faire vn Dieu semblable à vne boule de feu, disposée à prendre toute sorte de mouuemens.

Il ne faut pas s'estonner de ce que Balbus le Stoïcien auance pour prouuer l'ame du monde consequemment à la doctrine d'Epicure. Car si les Dieux, dit-il, sont d'vne nature tres-excellente, en sorte qu'il n'y ait rien de meilleur, & que le monde soit d'vne nature si parfaite qu'elle n'est surpassée d'aucune autre chose; il faut que le monde soit animé, & qu'il soit Dieu mesme, autrement il y auroit quelque chose de meilleur que le monde & que Dieu. Epicure ne peut il pas répondre ce que Alexinus répondit à Zenon, chez Sextus Empiricus, que si cette raison est concluante, le monde pourra lire vn liure, qu'il pourra estre Orateur, Poëte, Musicien, Mathematicien, & Philosophe, puis qu'il n'y a rien de plus excellent que le monde, & qu'il y a de l'excellence en toutes les choses susdites. Il vaut donc bien mieux suiure le sentiment d'Epicure, qui deffend vne nature superieure & souueraine, distinguée du monde, afin de ne pas tomber dans l'inconuenient, apres auoir diuisé le monde entier, de faire encore des Dieux de ses parties, où tout au moins de former les creatures des portions de la Diuinité. Car si le monde est Dieu, la terre qui seroit vn de ses membres, seroit brûlée au milieu sous la Zone torride, & glacée par les deux extremités sous les Zones froides. Vn membre de cette diuinité de l'Vniuers seroit contraire aux autres, comme le feu qui deuore tout, les eaux qui enseuelissent les hommes par des deluges, les airs qui sont remplis de foudres, de gresles & de neiges. Ce monde Dieu auroit-il vne diuinité si impuissante, qu'il laissast déchirer vn de ses membres par vn autre, comme la terre l'est par ses tremblemens qui l'entrouurent, par ses minieres qui la creusent, par les Laboureurs qui la sillonnent tous les iours pour la rendre feconde.

Lactance refute icy solidement l'impieté de ceux qui diuisent le monde & ses parties, en leur demandant comment ils peuuent former vn Dieu entier d'vn amas de petits Dieux. Si les astres & les elemens, & toutes les autres creatures sont des Dieux, le monde ne sera donc pas Dieu, mais plustost le domicile des Dieux; si au contraire, le monde est veritablement vn Dieu, donc toutes les creatures ne seront pas des Dieux, mais des membres de ce Dieu, comme la teste, les mains & les pieds ne peuuent pas estre appellés des hommes, mais les membres des hommes: il continuë à destruire leurs principes, en leur reprochant si le monde estoit vn Dieu, que l'homme qui en est vne partie seroit immortel à l'égard de son corps. On pourroit conclure la mesme chose des brutes, qui ont l'ame & le sentiment comme le monde, & qui deuroient par la mesme raison participer à ses attributs d'immortalité & d'immutabilité, & tous ces animaux trouuant des adorateurs, comme ont esté les Egyptiens, il y auroit de la raison à les faire passer pour des Dieux; ainsi les grenoüilles, les puces, les moucherons, & toutes autres sortes de vils insectes pourroient pretendre à l'adoration des hommes, parce qu'ils sont des parties du monde, & qu'ils ont la vie & le sentiment.

Le mesme Lactance continuant encore la refutation de la Diuinité qu'ils attribuënt à la terre, il adiouste qu'il s'ensuiuroit que les Laboureurs seroient impies & sacrileges, de déchirer impitoyablement le corps d'vne diuinité qui est leur mere? Quoy, ces Dieux seroient-ils si impuissants & si foibles de laisser violer & molester ainsi leurs corps, si ce n'est qu'ils répondent que ce Dieu mondain a renfermé son sentiment dans les abysmes de la terre, en se retirant de sa surface, de peur d'estre exposé à de continuelles iniures & à de continuelles douleurs.

Mais comme c'est vn crime, & la derniere des absurdités, de faire vn Dieu du monde, & de diuiniser, ou d'animer toutes ses parties; ce n'est pas vn moindre aueuglement de ne pas reconnoistre vn Dieu Createur de l'Vniuers, qui comme vn esprit diuin est present à toutes ses parties, sans pouuoir estre meslangé & confondu auec les creatures materielles & corruptibles qu'il a produites.

A PARIS,

DE L'IMPRIMERIE DE IEAN CVSSON,

Et se vendent

Chez L'AVTHEVR, ruë Mazarin prés le College des quatre Nations:

Et au Palais

Chez CLAVDE BARBIN, sur les degrez de la sainte Chappelle.

M. DC. LXVII.

AVEC PRIVILEGE DV ROY.

LES ESSAIS PHYSIQVES DV S^R DE LAVNAY,

LIVRE PREMIER.

DV MONDE EN GENERAL.

DISSERTATION CINQVIE'ME, si le Monde a esté, ou s'il a pû estre de toute eternité.

APRES auoir examiné la nature de l'Vniuers en general dans les questions precedentes, nous deuons maintenant en rechercher l'origine, & voir si la Philosophie a des raisons qui nous persuadent qu'il est creé, & qu'il ne peut estre eternel.

Cette matiere a esté si fort agitée entre les anciens Philosophes qui estoient priuez des lumieres de la Foy, & leurs sentimens ont paru si opposez, que plusieurs ont crû que la decision de ce fameux different estoit au dessus des forces de l'Esprit humain. Manilius passe plus auant, & apres auoir examiné les opinions differentes & balancé les raisons de part & d'autre, il desespere tellement de pouuoir resoudre cette question, qu'il s'escrie qu'elle est au dessus de la capacité des hommes & des Dieux.

Semper erit genus in pugna, dubiumque manebit
Quod latet, & tantum supra est hominemque Deumque.

Aristote est vn des plus celebres deffenseurs de l'eternité du monde, & il a soustenu cette doctrine si constamment & si ouuertement dans tous ses liures de Physique & de Metaphysique, que ses plus fideles Interpretes nous asseurent qu'elle luy plaisoit extrémement, & que son Esprit pour l'ordinaire vacillant & irresolu sur les autres matieres de Physique, s'estoit declaré hardiment & sans hesiter, en faueur de cette opinion.

Il n'est pas necessaire de parler icy de ses Sectateurs, qui ont creu auec luy que le Monde estoit vn Estre eternel, qui s'entretenoit par la réuolution circulaire, d'vne infinité de generations & de corruptions des creatures corporelles, qui se succedoient eternellement les vnes aux autres, sans auoir ny commencement ny fin. Il me suffit de faire remarquer la vanité de ce Philosophe, qui a esté assez témeraire d'écrire dans son 1. liure du Ciel, chap. 10. que tous les anciens Philosophes auoient creu que le Monde auoit commencé, & qu'il auoit l'honneur d'estre le premier asserteur de son eternité.

Mais cette doctrine estoit si constamment establie auant Aristote, que ie ne me puis persuader qu'vn si sçauant homme ait pu ignorer le sentiment commun de tant de Philosophes qui l'auoient precedé. Xenophanes, au rapport de Plutarque, auoit desia estably l'eternité du Monde, & Stobée asseure que Parmenides & Mélisse l'auoient aussi deffenduë. Les Chaldeens, Pythagore, Philolaus, Ocellus, Aristeus, & Architas Tarentin, auec tous les Pythagoriciens ont eu le mesme sentiment. Nous y pouuons ioindre Platon, & Zenocrate, & plusieurs autres Philosophes celebres, qui ont tous esté connus d'Aristote pour auoir soustenu la mesme opinion.

Si nous lisons que Pythagore & Platon ont parlé quelquefois du commencement du monde, ç'a esté à la façon des Mathematiciens, en supposant sa production pour mieux raisonner sur sa structure, ainsi * qu'Aristote luy mesme l'auouë. Quoy qu'il en soit plusieurs autres fameux Philosophes ont enseigné que le monde auoit commencé. Empedocle, Heraclite, Anaximandre, Anaximene, Anaxagore, Archelaus, Diogene, Apolloniate, Leucippe, Democrite, Epicure, Zenon, & la pluspart des Stoïciens ont esté de ce sentiment. Nous y pouuons ioindre les plus grands Philosophes Egyptiens, & les Brachmanes des Indes, à qui Laerce & Strabon attribuent la mesme opinion. Mais tous ces sçauans ont donné seulement vn commencement au Monde quant à sa forme & à sa structure, qu'ils faisoient dependre ou de l'ordre ineuitable du destin, ou du fortuit concours des atomes. Pour sa matiere ils l'ont tous reconnuë eternelle, d'autant qu'ils ne pouuoient conceuoir naturellement la creation d'aucun Estre qui pût estre tiré du neant. C'estoit vn axiome reconnu vniuersellement de toutes les sectes des Physiciens, que du neant, on n'en pouuoit produire aucun Estre, ny que la nature ne pouuoit reduire aucun Estre dans le neant. C'est pourquoy la creation du monde entier, tant dans sa matiere que dans sa forme, est vne nouuelle découuerte pour les Philosophes Chrestiens, qui sont esclairez des lumieres de la Foy, qui nous apprend dans la Genese, qu'au commencement des siecles Dieu crea le Ciel & la terre, & tous les Estres qui y sont contenus. C'est la seule, vraye & constante opinion où il nous faut attacher dans vne matiere si obscure, & si peu connuë des Philosophes payens.

Phy. li. 2. non quod aliquando genitus mundus fuerit, sed doctrinæ gratia quod discẽtes melius percipiant quasi qui diagramma factum tuentur.

Et il ne sert de rien d'obiecter que l'Ecriture asseure en termes formels, que ce monde-cy a esté fait d'vne matiere inuisible, si nous ne disons que la matiere dont le monde a esté tiré, sçauoir le neant, est vne matiere inuisible, parce que le neant n'est point, ou qu'il n'est rien, & qu'il n'y a rien de plus inuisible que le neant. Mais nous parlerons cy-apres à fond de la creation du Monde. Nous rechercherons seulement icy s'il a pû commencer par quelque puissance que ce soit, soit qu'il ait esté formé d'vne matiere qui ait precedé sa production, ou qu'il ait esté tiré du neant, nous demandons en vn mot, si de la contemplation exacte du Monde, & de ses parties, la raison naturelle nous peut apprendre qu'il n'est point eternel, & qu'il ne le peut estre.

La premiere raison qui nous persuade qu'il a esté creé, se tire de l'artifice admirable de ses parties, & de la regularité de ses mouuemens, qui n'ont pu estre disposez de la sorte, sans qu'vne cause tres-sage les ait establis dans sa creation. Car nous voyons que la nature agit auec tant de sagesse & tant de certitude dans tous ses ouurages qu'il y auroit non seulement de l'ignorance & de la temerité, mais encore de la folie à croire que ces choses arriuassent par vn pur hazard, ou par vne aueugle conduite de la fortune, ou enfin à soustenir que tant de choses differentes s'accordassent ensemble par vne aueugle necessité du destin, sans reconnoistre vn premier Agent libre, qui les a ordonnées à ce faire d'vne maniere plustost que d'vne autre.

Celuy qui tient que l'ordre de la nature a esté estably par vne cause tres-sage & tres-intelligente, a autant de preuues qu'il y a d'ouurages artificiels, qui ne peuuent estre produits sans l'intelligence & la conduite des ouuriers; & celuy qui nie vne intelligence vniuerselle qui a presidé à la creation, & à la disposition du Monde, est d'autant plus esloigné de la raison, que le moindre ouurage de la nature, par exemple le plus vil animal, est vne machine beaucoup plus parfaite & industrieuse que tous les ouurages de l'art. D'où ie conclus que s'il y a vn ordre estably dans le Monde (comme l'on n'en peut douter) il faut qu'il procede d'vn principe intelligent, qui l'y a mis dans le temps; d'autant que ce qui est eternel n'a iamais pu estre ordonné ny changé, puis qu'il a tousiours esté, & sera à iamais tel qu'il est.

Epicure prouue que le Monde n'est pas eternel, par la comparaison qu'il en fait auec ses parties, qui sont toutes suiettes à la generation & à la corruption, & par l'vnion & la diuision qui suiuent le mouuement des atomes. Et comme ces petits corps ont vn mouuement perpetuel, qui est cause de la generation, & de la dissolution de tous les Estres, il conclud que quelque iour tous les atomes du Monde s'écarteront pour le finir, comme ils se sont accrochez pour le former.

Les deffenseurs de l'eternité du Monde respondent au raisonnement d'Epicure, que la generation & la corruption ne conuiennent qu'aux parties du Monde prises separement, mais non pas au Monde, qui demeure toûjours le mesme dans tous ses changemens & dans toutes ses alterations. Ses parties ne sont pas engendrées ny corrompuës, mais elles changent seulement de figure & de lieu par leur desarengement, comme fait vne masse de cire, qui estant fonduë ne perd rien de sa substance ny de ses parties solides, lors qu'elles sont differemment arangées & disposées dans vn moule pour en faire toutes sortes de figures. Ce qu'Ouide nous a represente dans le 15. de ses Metamorphoses,

Cum sint huc forsitan illa,
Hæc translata illuc, summâ tamen omnia constant.

Et Manile 1. Ast.

Omnia mortali mutantur lege creata,
Nec se cognoscunt terræ vertentibus annis:
At manet incolumis Mundus, suaque omnia seruat;
Idem semper erit, quoniam semper fuit idem.

*Non alium videre Patres, aliumve Nepotes
Aspicient.*

Mais Lucrece replique pour Epicure, que la mesme raison qui prouue la dissolution d'vne des parties, la prouue de deux, de trois, de cent, de mille, & enfin de toutes pour faire la dissolution generale du Monde entier. Car si les petits chocs ou ébranlemens que souffrent les corps sublunaires, causent la dissolution de leurs parties, comme nous l'experimentons dans toutes les choses qui se corrompent icy bas : quoy que cela n'arriue pas à present que le Monde est encore neuf (s'il m'est permis de me seruir de ce mot) neantmoins apres que le mouuement general de la nature aura causé vn grand nombre de changemens dans tous les corps particuliers par les discussions des atomes qui les composent, on peut croire que la grande machine de l'Vniuers viendra vn iour à se dissoudre, & à s'en aller dans les mesmes pieces qui ont seruy à la bastir.

Il ne sert de rien de se seruir de cet exemple de la cire, qui demeure la méme sous toutes les figures qui la font changer, parce qu'elle n'a rien au dedans qui esbranle & desunisse ses parties, comme l'Vniuers, dont la pesante masse est esbranlée, & la machine vsée & brisée à force de se mouuoir. Pourquoy n'arriuera-t'il pas des mouuemens des Cieux & des Astres comme des roües d'vne orloge, qui apres s'estre meuës long-temps les vnes contre les autres, viennent à s'vser, se briser, & se reduire en poudre. Ainsi ces effroyables globes lumineux apres auoir long-temps roulé les vns contre les autres viendront à se fracasser, pour causer la corruption totale du Monde. Car bien que les parties materielles du Monde, qui sont les atomes, ne soient ny creées, ny aneanties, pourtant le Monde qui en est composé, peut prendre commencement & fin, & apres auoir finy par l'écartement de tous les atomes qui le composoient, il peut de nouueau renaître, par le fortuit concours qui les assemblera dans leur mouuement naturel & eternel, comme l'art des Architectes peut restablir de nouuelles villes du debris des anciennes, quand elles viennent à se ruiner.

On ne sera pas mieux receu auec Aristote, en disant que le changement est propre aux corps mixtes & sublunaires ; & que la matiere des Cieux est vne quinte essence incorruptible, & dont le mouuement est eternel ; car nous demonstrerons dans la suite des matieres Physiques, que les corps celestes sont suiets aux changemens, & que leur mouuement ne delaisse pas d'auoir commencé quand le temps seroit eternel. Ce qui est manifeste à tout homme de bon sens, qui ne peut receuoir l'eternité du mouuement qu'apres auoir receu l'eternité des corps mobiles qui le composent. Ainsi celuy qui prouue l'eternité du Monde par le mouuement eternel des Cieux, tombe puerilement dans vn paralogisme qui suppose l'estat de la question.

La seconde raison dont se sert Lucrece pour combattre l'eternité du Monde, & pour establir sa nouueauté, est prise de deux chefs ; le premier que les Histoires ne sont pas beaucoup plus anciennes que les guerres de Thebes & le sac de Troye ; le second de l'inuention des arts, mesme des plus

necessaires

necessaires à la vie, qui est nouuelle, puis qu'on en sçait les Autheurs, qui seroient tous inconnus, & d'vn temps immemorial, si le Monde estoit eternel. Voyons ses Vers, ils sont trop eloquens pour ne les pas copier.

Præterea si nulla fuit genitalis origo
Terrai, & Cœli, semperque æterna fuere,
Cur supra bellum Thebanum & funera Troiæ,
Non alias, alii quoque cecinere Poetæ?
Quo tot facta virûm toties cecidere, nec vsquam
Æternis famæ monumentis inclita florent.
Verum, vt opinor, habet nouitatem Summa, recensque
Natura est Mundi, neque pridem exordia cepit.

Il poursuit,

Quare etiam quædam nunc artes expoliuntur,
Nunc etiam augescunt? nunc addita nauigiis sunt
Multa? modo organici melicos peperere sonores.
Denique natura hæc rerum, ratioque reperta est
Nuper, & hanc primus, cum primis ipse repertus
Nunc ego sum, in patrias qui possim vertere voces.

Nous pouuons adiouster à ces inuentions mille nouuelles découuertes dans les sciences, dans les Mechaniques, & dans les beaux arts, comme ce merueilleux vsage de la boussole, qui nous a fait ttouuer vn nouueau monde & de nouueaux hommes, & penetrer si auant dans tous les lieux les plus écartez du monde habitable, que les illustres nauigations des Anciens tant vantées par Homere & Hesiode ne sont pas comparables auec le moindre voyage de long cours des Europeens. Que dirons-nous de l'inuention de la poudre à canon & de la perfection de l'art militaire, dans toutes les fortifications & les machines d'artillerie, de la magnificence des bastimens modernes, de la Peinture, de la Sculpture, de l'Imprimerie, & de mille autres miracles de l'art, comme de ces merueilleuses lunettes qui nous font voir dans le Ciel mille choses que les anciens Astronomes ont ignorées, & de ces microscopes, qui nous font apperceuoir mille petits corps qui échapoient à nos yeux. Que dirons-nous enfin de l'vsage de la monnoye si vtile dans le monde, & qui pourtant n'a esté inuenté que dans les derniers siecles, & qui ne se trouue point dans le monde nouuellement découuert, quoy qu'il abonde en cette matiere, & que l'vsage leur en fust tres-auantageux.

I'adiouste que si le Monde estoit eternel, ou infiniment vieux, que les mineraux & metaux seroient en si grande quantité sur la terre, qu'on n'auroit plus besoin d'en tirer. Car les marbres, le fer, le plomb, l'argent, le cuiure, & sur tout l'or ne se corrompant point, on en trouueroit dans les mazures des anciennes Villes, & dans les Chasteaux ruinez des quantitez surprenantes. Quoy que le temps eust renuersé ces edifices, il n'en auroit pas destruit les materiaux. Ce qui fait bien connoistre & le commencement & la nouueauté du Monde, c'est qu'on a plus tiré de ces matieres de la terre depuis deux mille ans, que depuis le commencement du Monde, & qu'on n'en trouue point de tirées dans les lieux qui ont esté, suiuant l'histoire de la creation du Monde, les derniers habitez.

Pourquoy nos Ancestres de six mille ans n'auroient-ils vescu que de gland de fruits sauuages, si le Monde estoit eternel? pourquoy attribueroit-on à Noé l'honneur d'auoir le premier tiré du ius de la Vigne,& aux François de l'auoir cultiuée? pourquoy aux Romains l'vsage de l'huile,& la culture des Oliuiers; comment l'Imprimerie, la Fortification, & plusieurs autres arts, dont l'inuention est si naturelle & si necessaire auroient-elles esté ignorées si long-tẽps.

Si on respond que de temps en temps il est arriué des mortalitez, des deluges & des incendies, ie repliqueray qu'estant demeuré dans les grandes ruines du genre humain tousiours quelqu'vn pour peupler le Monde, il auroit esté vn fidele tesmoin de ce qu'il auroit veu arriuer, & n'auroit rien eu plus en recommandation que d'en informer ses enfans, qui auroient dans l'ordre des choses fait passer cette tradition importante à leur posterité, iusques à ce que le Monde eust esté assez multiplié & assez éclairé pour escrire cette Histoire. Ce qui est arriué dans le Deluge vniuersel, où Noé a fait ce que les autres hommes auroient deu faire en de pareilles occasions.

Aristote & Platon opposent plusieurs difficultez aux raisons precedentes, le premier disant qu'il y a de l'absurdité à tirer le commencement du Monde de la generation des choses qui sont produites sur le globe terrestre, qui n'est qu'vn point à l'égard du Ciel. On adiouste que l'oubly des choses qui se sont passées dans l'eternité, vient de la transmigration des Nations d'vn pays à l'autre, lors que les parties de la terre viennent de fecondes steriles, ou de steriles fecondes; ou que les guerres, les maladies, & les mortalitez les depeuplent entierement. Plusieurs Philosophes veulent auec Anaxagore, que ce qui est pleine mer deuient terre ferme, & que la terre deuient mer, non pas à la verité en peu de temps, mais aprés plusieurs milliers d'années. Ils appuyent ce raisonnement sur l'exemple du Nil, qui iettera à la fin tant de limon & de sable sur l'Egypte, qui est vn pays bas, que dans la suite des siecles il le rehaussera; sur l'exemple du Danube, qui a desia roulé tant de fange dans le Pont Euxin, que la mer s'est retirée fort loin de son emboucheure. Cela est si vray, que nous voyons tous nos fleuues, nos riuieres & nos ruisseaux élargir leurs canaux, & emporter tant de terre dans le lit de la mer, qu'il faut à la fin qu'ils la fassent hausser, pour la faire retirer d'vn costé & y laisser des terres fermes, & s'auancer d'vn autre costé pour y regaigner ce qu'elle a perdu. Strabon nous rapporte la mesme chose de l'Oracle, qui predit que le Pyrame fleuue de Cilicie, rouleroit vn iour tant de sable dans la mer du mesme nom (appellée auiourd'huy mer du Leuant) qu'il ioindroit le Continent à l'Isle de Chypre.

Tempus erit rapidis olim cum Pyramus vndis
In sacram veniet congesto littore Cyprum.

Pythagore confirme la mesme chose descrite par ces Vers d'Ouide.

Quodque fuit campus, vallem decursus aquarum
Fecit, & eluuie mons est deductus in æquor.

Et Aristote adiouste encore que le Tanais, ou le Nil, & tous les fleuues de son temps n'auoient pas tousiours coulé, ny ne couleroient pas tousiours, non plus que les fontaines, d'autant que le temps estant eternel, il y en auoit eu, ou il y en auroit assez pour les faire commencer & cesser, & en faire naistre d'autres en leurs places, comme ils auoient pris celle des autres.

Hic fontes natura nouos emisit, & illic
Clausit, & antiquis tam multa tremoribus orbis
Flumine prosiliunt, aut exsiccata residunt.

Ce qui se confirme encore par l'experience, qui nous fait trouuer des coquilles, des écailles, des arrestes de grands poissons, des anchres, & des pieces de nauires brisées, dans des lieux fort hauts & fort éloignez de la mer, comme il s'en est trouué sur la fin du dernier siecle dans les Pays-bas, dans la Calabre il y a enuiron deux cens ans, & dans la Numidie au temps de Pomponius Mela qui le rapporte, & en plusieurs autres lieux, comme le long du Boristene à plus de 30. lieuës de la mer Noire. Ce qui peut faire croire ce qu'en dit Ouide, dans ses Vers faits pendant son exil.

Vidi ego, quod fuerat quondam solidißima tellus
Esse fretum, vidi factas ex æquore terras,
Et procul à pelago conchæ iacuere marinæ,
Et vetus inuenta est in montibus Anchora summis.

Aristote poursuit, & dit que dans les incendies, deluges, migrations, guerres, maladies ou mortalitez du genre humain, la memoire des choses passées se perd, ou se conseruant entre ceux qui se sauuent, le temps que le Monde dure entre ces grands desordres est si long, qu'à la fin on perd le souuenir de ces grands changemens. On peut aussi respondre que ceux qui rechappent de ces extremes dangers, n'en veulent rien dire à leur posterité, de peur de leur imprimer vne crainte qui trauerseroit le repos de leur vie, & qui les ietteroit dans des frayeurs dangereuses & mortelles.

Platon, Theophraste, Ciceron, & Macrobe ont la mesme pensée, & soustiennent que par les deluges des lieux bas, & les incendies des lieux hauts, toute la face de la terre change de temps en temps; non pas que tout soit noyé ou bruslé, car il faut tousiours garder quelque lieu pour conseruer la race du genre-humain, qui sert de seminaire pour repeupler le Monde. Ils veulent que d'abord la simplicité & la candeur de vie des premiers hommes nous represente le siecle d'or: mais que leurs descendans venans à se diuiser, & former de differents estats, ils se corrompent si fort, qu'ils passent par degrez au siecle de fer, où regnent la fourberie & l'enuie, & qu'à la fin dans la vieillesse du Monde, ils deuiennent assez cruels pour s'exterminer les vns les autres.

Nous pourrions encore rapporter le passage de Salomon, qui demande s'il y a quelque chose qui n'ait pas esté auparauant, & qui ne soit pas au temps futur? Rien, coutinue-il, n'est nouueau sous le Soleil, & personne ne peut dire cecy est recent; car dans les siecles passez on a desia veu ce qui est deuant nos yeux: on n'a plus la memoire des choses passées, mais on ne se ressouuiendra pas dauanrage dans la suite des siecles, des choses qui arriuerout long-temps apres nous.

Pour ce qui regarde les changemens de terre en mer, & de mer en terre, nous en parlerons à fond dans son lieu, & declarerons en mesme temps comme les coquillages de mer, & tous les debris de naufrages, & les arrestes de poissons peuuent se trouuer fort auant dans les terres, & mesmes sur les montagnes, sans que la mer s'en soit retirée. Ie respons seulement que toutes ces transmutations de mer & de terre n'ont pu estre, supposé l'eternité du Monde, car s'il estoit assez vieux, les eaux auroient desia couuert toute la surface de la terre. Et il arriuera vn iour, si le Monde dure assez long-temps, qu'il deuiendra inhabitable par les hommes, à cause que l'ordre de la nature ne changeant point, il faut de necessité que la terre s'applanisse parfaitement, & que les cauitez de la mer, des riuieres & des vallées se remplissent, tant par les alluuions des riuieres qui combleront la mer, que par la cheute continuelle des eaux, qui abbatront de necessité les lieux éleuez, pour remplir les vallées.

Pour preuue de cette verité, supposons qu'en cent mille ans les pluyes enleuent la plus petite partie imaginable des montagnes les plus grosses, dans la longueur d'vn temps suffisant elles seront entierement minées. Si les eaux emportent vne partie des rochers les plus durs, comme cela est manifeste à celuy qui experimente, que les eaux cauent les marbres par vne cheute continuelle, il arriuera que les pluyes minant peu à peu les terres, elles les applaniront; & l'experience nous apprenant qu'elles ne remontent iamais, il faudra qu'à la fin les lieux inferieurs soient comblez des superieurs, & qu'il se fasse vne innondation vniuerselle de la terre.

Ie ne peux écouter icy la resuerie de Theophraste, qui dit chez Philon Iuif, que les montagnes sont semblables aux arbres, qui perdant leurs fueilles en produisent d'autres, en ce que quelques parties s'abaissant, elles en éleuent d'autres; ce qui est contraire à l'experience; car bien que quelques irruptions de flammes & tremblemens de terres ayent poussé des terres en dehors, cela est si peu considerable & si rare, à l'égard des terres que les eaux abbatent, que l'on ne doit point écouter cette instance, à laquelle ie respons, que les feux & les vents sousterrains ont plustost de coustume d'écrouler les montagnes, & de les miner, que d'en faire de nouuelles, comme nous le voyons dans le mont Vesuue, que le feu a abaissé considerablement en le consommant.

Ie remarqueray seulement icy que la memoire des choses passées ne se doit point effacer par les transmigrations des Nations, qui se font peu à peu, & qui n'empeschent point que les enfans ne puissent apprendre de leurs parens les euenemens extraordinaires, & les grands changemens de la nature, pour en instruire leur posterité, qui peut aussi facilement faire reuiure ces changemens & en perpetuer la memoire, que se perpetuer elle-mesme, la generation des choses spirituelles estãt beaucoup plus aisée que celle des choses corporelles. Outre que ces Philosophes demeurent d'accord, que ces desordres ou changemens n'arriuent qu'en l'espace de plusieurs millions d'années, pendant lequel temps tout au moins les nations pourroient garder la memoire des choses passées. Ils n'auront garde non plus d'auoir recours aux mortalitez, aux guerres & aux deluges faits par l'eau & par le feu; car les choses n'estant pas vniuerselles, il s'est tousiours sauué des hommes assez pour en conseruer la memoire, & transmettre à leur posterité la veritable histoire de ce qui s'est passé, s'étudiant vray-semblablement d'en informer leurs Neueux, pour leur faire chercher les moyens de s'en garantir.

Pour les deluges & les incendies de Platon & de Theophraste, elles sont si fabuleuses, que la Philosophie ne les doit considerer que comme des fourmis, que les Poëtes & les Historiens trop credules, & mauuais Physiciens ont assez aggrandy pour en faire des elephans. Tesmoin l'incendie qui est arriuée au temps de Phaëton, & le deluge du temps de Deucalion, & s'il n'arriue point de pareils changemens dans nos siecles, c'est que les hommes sont plus sages pour croire, & les Historiens moins menteurs.

Il y a des choses si necessaires au monde, comme sont l'Architecture, la Fortification, l'Artillerie, la Nauigation, l'Imprimerie, & plusieurs autres Arts, qu'estant vne fois trouuées, on ne peut iamais les oublier, à cause de leur continuel exercice. La Medecine si vtile & si cherie dans tous les siecles

pour

pour conseruer ce que l'homme a de plus cher, seroit beaucoup plus parfaite si le Monde estoit eternel ou tres-ancien, parce que dans tous ces temps passez il se seroit fait des experiences de toutes les choses medicinales que la nature produit dans tous les pays du Monde, pour en tirer des remedes salutaires à l'homme.

Si apres tous ces raisonnemens on soustient que nous n'auons trouué que la vray-semblance, ie diray que c'est beaucoup faire que de donner des raisons probables, & qui sont d'vn poids beaucoup plus grand que celles que les Philosophes apportent pour establir l'eternité du Monde. Car il n'y a rien de si foible que l'eternité du temps d'Aristote & du mouuement qu'il suppose sans le prouuer; que son incorruptibilité des Cieux, qui est demonstratiuement conuaincuë de faux; que son Ether, dont le seul terme prouue plustost aux Grammairiens qu'aux Philosophes qu'il n'a pas commencé; & que l'estat inalterable des Cieux dont il fait le Palais des Dieux imaginaires, mais qui n'a pas plus de solidité que les fausses diuinitez qu'il y fait habiter.

Si vn Catholique dit que le Ciel est la demeure du vray Dieu, & que par conseqent il n'est pas suiet au changement, ie luy respondray que Dieu est par tout, & sur la terre comme au Ciel, & que de son immensité qui le rend present à toutes ses creatures, on n'en peut pas conclure son eternité. Quand le Ciel est appellé le Trosne du Tres-haut dans l'Ecriture, c'est pour nous exprimer sa vertu diuine, & sa toute-puissance, qui paroist dans la superbe structure de ces voutes asurées, & de ces globes lumineux qu'il y fait rouler auec tant de iustesse & d'artifice.

La raison d'Aristote qui admet des intelligences separées, n'est ny necessaire, ny establie, ainsi que nous ferons voir ailleurs, non plus que la pensée qu'il a que le Monde ne pouuoit commencer que par le mouuement, & que le mouuement d'vn corps rond n'a point de commencement ny rien de contraire; c'est pourquoy toute la doctrine qu'il a bastie sur ces fondemens pour prouuer l'eternité du Monde, est ruineuse.

Quoy qu'il soit certain que tous les mouuemens des Cieux & des autres creatures se doiuent rapporter à Dieu comme premier moteur, en tant qu'il les a creées, & qu'il leur a donné la puissance de se mouuoir: les substances separées ne delaisseront d'estre des actes parfaits, quand bien mesme elles ne seront pas occupées à mouuoir les Cieux, ainsi que Sysiphe roule sa pierre dans les Enfers. Les attributs qu'on donne à Dieu à cause de la création du Monde, sont de pures denominations externes & respectiues, qui ne marquent aucun changement dans Dieu; mais seulement dans les creatures. Enfin Dieu en creant le Monde, dans le temps qu'il a iugé à propos de choisir dans l'inconceuable estenduë de son eternité, a fait vn tres-excellent ouurage, puis qu'il a fait ce qu'il luy a pleu, & dans le temps qu'il a voulu, & d'vne maniere qui luy a esté agreable; or tout ce qui luy plaist, & qu'il choisit par son infinie sagesse ne pouuant estre que tres parfait, il faut conclure qu'il a produit vn ouurage excellent en faisant le Monde.

Il suffit de dire en attendant que nous examinions plus à fond la creation du Monde, que tout ce que Dieu a fait dans le temps, & qu'il a differé à faire auparauant, il l'a fait par les secrets impenetrables de la sagesse diuine, dont il n'est pas permis d'estre les scrutateurs, si nous ne voulons estre opprimez de sa gloire.

Ceux qui reconnoiſſent que Dieu eſt createur du Monde & de tous les animaux, n'auront pas de peine à terminer cette indiſſoluble queſtion à ceux qui deffendent l'eternité du Monde, qui eſt de ſçauoir qui eſt le premier de la poule ou de l'œuf; car ayant creé d'abord tous les animaux capables de ſe faire renaiſtre par leurs ſemences, la premiere poule que Dieu a creée a precedé ſes œufs, & il y a vn premier animal en chaque eſpece, qui eſt le principe & le premier parent de tous les autres qui en ſont ſortis par la ſucceſſion des generations.

Les raiſons que Platon & Proclus obiectent contre noſtre doctrine, ſont les meſmes que celles d'Ariſtote, ou elles regardent ce que nous dirons de la puiſſance, de la ſageſſe, & de la volonté diuine auec leſquelles Dieu a creé le Monde, ou bien elles ne concluent rien. Car de pretendre qu'vn effet peut eſtre auſſi ancien que ſa cauſe, cela n'eſt vray que dans les choſes creées & les cauſes neceſſaires, comme dans le Soleil à l'égard de ſa lumiere, ou dans le feu à l'egard de ſa chaleur. Ie dis plus qu'en bonne Philoſophie aucun effet ne peut eſtre ſi ancien que ſa cauſe, d'autant que la cauſe precede ſon effet, comme vne choſe qui luy donne l'Eſtre, & qui le doit auoir auant que de le luy donner, & l'effet ne le peut point auoir auant que de le receuoir. Pour la lumiere, elle n'eſt pas vn effet diſtingué du Soleil, ny le feu de ſa chaleur.

Il nous reſte pour concluſion de cette queſtion, d'en examiner vne, que les Philoſophes modernes, ſur tout les Chreſtiens, comme S. Thomas & Scot, ont faite, pour demander ſi le Monde eſt poſſible de toute eternité. Ce qui peut eſtre reſolu demonſtratiuement en deux mots, en nous reſſouuenant que poſſible eſt vn terme reſpectif à ſa cauſe & à ſon effet, comme la roſe qui n'eſt pas en hyuer & qui peut eſtre au printemps, eſt appellée poſſible, par le rapport qu'elle a auec la realité du roſier qui la peut produire dans ſon temps, & par la poſſibilité qu'elle a en ſoy d'eſtre produite, n'enfermant aucune contradiction.

Cela ſuppoſé le Monde eſt poſſible de toute eternité, ſi nous auons égard à la puiſſance diuine, à l'idée diuine, & à la volonté diuine, qui ont eſté de toute eternité dans Dieu, pour produire le Monde dans le temps.

Mais il y a vne manifeſte & tres-euidente contradiction à ſe perſuader que le Monde peut eſtre auſſi ancien que Dieu, qui ne l'a pu rendre eternel. Car ſi le Monde eſt poſſible, il ne peut eſtre eternel, d'autant qu'vne choſe n'eſt poſſible, ſuiuant l'explication des termes, que quand elle peut paſſer de la puiſſance à l'acte, c'eſt à dire que quand elle paſſe du non eſtre a l'eſtre, & qu'elle commence à exiſter, n'eſtant pas auparauant; ce qui ne peut conuenir au Monde s'il eſtoit eternel; d'autant qu'vn Eſtre eternel eſt celuy qui a touſiours eſté, ou qui n'a iamais commencé, ou pour prendre les termes de l'Ecole, qui n'a iamais paſſé de la puiſſance à l'acte, mais qui a touſiours eſté en acte. Dieu eſt vn acte pur & neceſſairement exiſtant de toute eternité, qui a donné l'eſtre à toutes les creatures, qu'il a tirées du neant par ſa toute-puiſſance. Adiouſtons que l'eternité eſt vn attribut ſi propre à Dieu qu'il ne peut eſtre appliqué au Monde, qui ſeroit independant de Dieu s'il n'en auoit pas receu l'eſtre, puis que la dependance eſt fondée ſur ce qu'on reçoit; partant ſi les creatures eſtoient eternelles, n'ayant point receu l'eſtre de Dieu, elles ſeroient independantes.

Dieu estant vn premier Agent a esté libre dans la creation du Monde, & par consequent il s'est determiné de luy donner l'estre dans le temps, comme vn Artisan se determine librement à produire son ouurage. Si ce diuin & souuerain Artisan a eu dans son essence l'idée eternelle du Monde, il ne s'ensuit non plus qu'il a pu estre eternel, qu'il s'ensuit qu'vne maison doit estre au mesme temps que l'Architecte en forme l'idée. Quand ils concluent que l'ouurage du Monde doit estre eternel pour estre semblable à l'idée diuine, cela ne s'ensuit non plus, qu'il s'ensuit qu'vne image pour estre semblable à son original, ne luy doit pas estre posterieure.

Il est donc vray que la raison naturelle s'accorde assez auec la foy, en nous apprenant que le Monde a esté creé dans le temps, & que les anciens Philosophes ont radotté en communiquant leur vieillesse au Monde, ou en le declarant eternel.

Si les Philosophes n'estoient autant aueugles que les Chrestiens sont éclairez touchant l âge du Monde, ce seroit icy le lieu d'en parler. La raison naturelle peut bien connoistre que le Monde a commencé, & qu'il n'a pu estre eternel: mais elle est trop courte pour mesurer la durée du Monde, qui a tellement commencé dans vn certain temps, qu'il auroit pu commencer ou plustost ou plus tard, si Dieu l'auoit voulu. Quand des Docteurs de l'Eglise, comme S. Thomas, defendent qu'il a pu estre eternel, leur opinion est qu'on ne peut determiner aucun temps pour sa creation, qui n'ait esté precedé par vn autre, & qu'il n'y a aucun temps limité où il ait commencé à estre possible.

Il n'y a donc que les Historiens qui puissent parler de la durée du Monde: mais ils content tant de fables sur ce suiet, qu'il n'y a que le diuin Moyse qui puisse nous donner vne fidelle narration de la creation du Monde. Ie laisse mesme aux Theologiens le soin de concilier les Autheurs prophanes auec Moyse, & de refuter les erreurs & les heresies qui contredisent sa doctrine. Il est bon dans les choses douteuses d'auoir recours à la decision infaillible de l'Eglise, pour determiner & affermir l'opinion des Fideles, sur vne matiere, dans laquelle les Philosophes ont tout à croire, & rien à disputer. Le sçauant Pere Petaut, & apres luy l'infatigable P. Labbe tous deux Iesuites, nous ont fait voir leur profonde doctrine sur cette matiere, où ie renuoye les Lecteurs curieux, pour y trouuer la resolution de leurs doutes, & accorder toutes les Cronologies. Nous nous en tiendrons à l'authorité de Moyse, croyans que les Payens sont obligez d'en faire autant que nous, apres les illustres témoignages qu'ils ont rendu de sa vertu, de sa doctrine & de sa pieté, comme on le peut voir chez Strabon, Iosephe, & plusieurs autres celebres Autheurs de l'antiquité.

Nous deuons prendre l âge de six mille ans à peu prés qu'il a donnée au Monde; ie dis à peu près, à cause de la difficulté de concilier les Cronologistes Chrestiens sur ce suiet, que nous renuoyons encore aux Theologiens, pour conclure auec Lucrece, que le Monde est encore tout ieune, & pour faire esperer aux hommes qu'il durera long-temps,

habet nouitatem Summa, recensque
Natura est Mundi, neque pridem exordia cepit.

S'il est vray qu'on ne puisse sçauoir precisement l'an dans lequel le Monde a esté creé, combien sont ridicules les Astrologues Iudiciaires, qui en pretendent sçauoir le iour, l'heure & la minute, en sorte qu'ils ont l'effronterie de publier qu'ils en peuuent connoistre la durée, les accidens & la fin? comme s'il y auoit des coniectures vray-semblables, ou quelques fondemens de croire, que dans le commencement du monde il falloit que le Belier occupast le milieu du Ciel, que le Soleil fust dans le Lyon, la Lune dans l'Ecreuisse, Mercure dans la Vierge, Venus dans la Balance, & les trois autres Planettes dans les Signes suiuans, comme l'ont écrit Firmicus, Macrobe, Cardan, & plusieurs autres Modernes Astrologues, qu'il faut moins croire qu'Esope.

Il n'est pas moins difficile de iuger en quelle saison de l'année le monde a esté creé, dautant que ce qui est Hyuer dans vne partie du Monde, est Esté dans vne autre, & ce qui est Printemps dans vn lieu est Automne dans le lieu opposé. Toutefois le consentement des Escriuains est que la question se fait pour la partie Septentrionale du Monde, où ils croyent que Dieu a creé & fait habiter le premier homme; surquoy chaque saison de l'année a ses probabilitez. La force du Soleil pour secher la terre, qui auoit esté enuironnée d'eaux, parle en faueur de l'Esté, où le Soleil qui est le pere de toutes les productions a plus de force. L'Hyuer se rapporte au commencement de nos années Chrestiennes: Cependant les raisons sont plus probables, qui veulent que le Monde ait esté produit au Printemps ou en Automne: au Printemps, à cause que c'est la saison dans laquelle la nature se renouuelle tous les ans; en Automne à cause que les fruits y sont dans leur maturité & leur perfection, pour la nourriture de l'homme, à qui Dieu comme vn pere prouident, voulut preparer des fruits pour le nourrir. Disons plus les années des anciens Hebreux commençoient au mois d'Aoust; & s'ils commencerent leur année au Printemps apres la seruitude d'Egypte, ce fut seulement leur année sacrée. Adioustons aussi que les grandes merueilles que Dieu a operées au Printemps par l'Incarnation & la redemption du genre humain, font croire fermement qu'il l'a creé en ce temps-là. Epicure pretend que le monde a esté creé en Esté, qui est l'âge viril de l'année, le Printemps estant comme son enfance, & l'Automne comme sa vieillesse.

Les Poëtes qui parlent pour le Printemps ou pour l'Automne, disent que l'Hyuer est trop froid, & l'Esté trop chaud, pour la naissance du Monde. Lucrece,

At nouitas mundi nec frigora dura ciebat,
Nec nimios æstus, nec magnis viribus auras.

Virgile à son imitation.

Non alios prima nascentes origine mundi
Illuxisse dies, aliumue habuisse tenorem
Crediderim, ver illud erat, ver magnus agebat
Orbis, & Hibernis parcebant flatibus Euri.

Et apres,

Nec res hunc teneræ possent perferre laborem
Si non tanta quies iret, frigusque caloremque
Inter, & exciperet cœli indulgentia terras.

Ce seroit icy le lieu de traiter de l'origine du Monde, sans que la necessité d'en connoistre les principes, les causes & les qualitez nous fait reietter ces questions plus loin.

FIN.

LES ESSAIS PHYSIQVES DV S^R DE LAVNAY.

LIVRE PREMIER.

DV MONDE EN GENERAL.

DISSERTATION SIXIE'ME, de la fin du Monde.

LES Philoſophes n'ont pas eu moins de curioſité pour découurir la fin du Monde, qu'ils en ont eu pour examiner ſon commencement, & leurs ſentimens ſont autant partagez ſur cette matiere que ſur la precedente. Tous ceux qui l'ont creu eternel, n'ont pas manqué d'aſſeurer qu'il eſtoit incorruptible. Pluſieurs Autheurs meſme apres auoir reconnu ſa production, ont ſouſtenu que Dieu ne le deſtruiroit iamais.

Ariſtote chez Philon defend auec tant de zele l'eternité & l'incorruptibilité du Monde, qu'il accuſe d'impieté les Philoſophes qui ont des opinions contraires, & qui croyent que la diuiuité du Monde, du Soleil & des Aſtres n'eſt pas ſuffiſante pour rendre ces Eſtres-là immortels. Il dit vn iour en raillant auec ſes plus familiers amis, qu'autrefois il auoit apprehendé d'eſtre écraſé ſous les ruines de ſa maiſon qui s'entr'ouuroit : mais qu'à preſent ſes Antagoniſtes l'auoient intimidé dauantage en le menaçant de perir auec tout le genre humain ſous les ruines generales de l'Vniuers. Libro, quod Mundus ſit incorruptibilis.

Il ſouſtient dans ſa Phyſique, qu'il y a auſſi peu d'apparence d'attribuer vne fin à ce qui n'a point de commencement, que d'exempter de la mort tout ce qui a pris naiſſance. Il compoſe le Monde de deux parties indiſſolubles, des corps celeſtes, qu'il croit incorruptibles & inalterables; & des corps elementaires, qui ſubſiſtent par leurs diuers changemens, comme fait vne Republique par la propagation de ſes Citoyens. C'eſt vn axiome de la Philoſophie Peripateticienne, que la corruption d'vn mixte eſt toûjours ſuiuie de la generation d'vn autre, d'où l'on peut conclure leur eternité. 1. de cœlo cap. 4.

Pythagore, Platon, & pluſieurs autres Philoſophes anciens & modernes aſſeurent que le Monde eſt corruptible de ſa nature; mais qu'il eſt deuenu immortel par la volonté de ſon Createur, qui le conſeruera eternellement. Voicy la raiſon que Platon en apporte dans ſon Timée, en diſant que Dieu a pris plaisir à produire vn ouurage tres-parfait, & digne de sa grandeur & de sa puissance, qui est le Monde, dont ce Philosophe fait vn Dieu visible: qu'à la verité c'estoit vn Estre creé & corruptible de sa nature; mais qui ne finiroit iamais, puis qu'il n'a pas esté fait pour estre destruit. Il poursuit son raisonnement, en disant qu'il est de la sagesse d'vn si grand Ouurier de ne pas destruire vn si excellent ouurage, & conclud que le Monde demeurera tousiours tel qu'il est à present, exempt de toute corruption, tres-parfait, tres-heureux, puis qu'il est l'ouurage des mains de Dieu. Il continuë & fait dire à Iupiter, haranguant les principales parties du Monde comme des Dieux: Mes enfans, leur dit-il, les ouurages que i'ay vne fois produits ne peuuent estre destruits sans mon consentement; puis que vous estes creez, vous estes mortels de vostre nature; ie ne veux pourtant pas que vous perissiez, puis que ce n'est pas vne bonne action d'aneantir ce qui a esté produit auec raison, & que rien ne me peut oster la volonté & la puissance que i'ay de vous conseruer eternellement.

Empedocle, Heraclite, Hyppase, Leucipe, Democrite, Anaximenes, Anaximandre, Anaxagore, Archelaüs, & tous les Epicuriens & les Stoïciens ont soustenu que le Monde finiroit, puis qu'il auoit commencé.

Ceux qui reconnoissoient la chaleur & l'humidité pour principes des choses viuantes, & de la vie du Monde entier, dont ils faisoient vn animal, disoient conformement à cette doctrine, que le Monde finiroit ou par vn embrasement general, qui consommeroit toute l'humidité de la nature, ou par vn deluge vniuersel, qui esteindroit la chaleur naturelle du Monde, c'est à dire ce feu naturel qui anime l'Vniuers.

La plus commune opinion des Philosophes est que le Monde doit finir par le feu, & la raison leur a dicté de recourir au plus grand dissoluant de la nature, & à la plus actiue de toutes les matieres, pour dissoudre la grande masse de l'Vniuers.

Con. ad Mart. fatũ inundationibus quicquid habitatur obducet, necabitque omne animal orbe submerso.

Seneque escrit que le destin fera inonder vn iour toutes les parties de la terre habitable, & fera mourir tout animal terrestre par vn deluge vniuersel; admettant pourtant auec les autres Stoïciens vne conflagration vniuerselle, pour consommer & destruire les autres parties du Monde. Ouide fait dire la mesme chose à Iupiter, examinant dans le Senat des Dieux ce qui doit arriuer à la fin du Monde.

Esse quoque in fatis reminiscitur affore tempus
Quo mare, quo tellus, correptaque Regia Cœli
Ardeat, & Mundi moles operosa laboret.

Plutarque rapporte que Cleanthe & Chrysippe remplissoient le Ciel, les airs, l'eau & la terre de faux Dieux, & ils enseignoient qu'ils estoient tous mortels, horsmis Iupiter, dans lequel s'en faisoit la resolution. Seneque le Tragique dans son Herc. Oet. a la mesme pensée.

Cœli Regia concidet,
Certos atque obitus trahet,
Atque omnes pariter Deos
Perdet nox aliqua, & Chaos.

L'opinion des Stoïciens prise d'Heraclite, est de n'admettre qu'vn Monde, qui se forme & se destruit par le feu, & renaist en suite pour se perpetuer à iamais dans ses changemens. Ils admettent des espaces au delà du Monde, pour seruir à sa dissolution, & receuoir ses atomes quand l'incendie generale vient à les écarter : mais si-tost que le froid les rassemble & les accroche, il se fait vn nouueau Monde formé des mesmes principes qui composoient l'ancien.

vt Mundus solvatur & coeffundantur que in ipso sunt omnia.

Le sentiment d'Epicure touchant la fin du Monde est assez receuable, & assez conforme à ce que les Chrestiens en doiuent croire, si la dissolution qui s'en fait vient de Dieu, ou qu'elle se fasse par l'ordre de sa Prouidence, & non pas par la loy ineuitable du destin, ou par le caprice du hazard ou de la fortune. Il n'a donc erré que dans la maniere de faire finir le Monde, & non pas en luy attribuant vne fin.

L'Escriture nous oblige à croire la fin du Monde, & le bouleuersement general de la nature, qui doit preceder le Iugement dernier, ainsi que Iesus-Christ l'a predit. D'où ie conclus que Philon Iuif s'est abusé, quand il a escrit que Moyse asseuroit que le Ciel & la terre, le iour & la nuit, le Soleil & la Lune auoient bien esté produites ; mais que ces choses ne periroient iamais.

La premiere raison qu'Epicure apporte dans Lucrece pour prouuer la destruction du Monde, est tirée de sa production, qui est faite par l'assemblage des Atomes, entre lesquels il demeure tousiours de certains petits interualles vuides, par où les Astres composez peuuent receuoir le choc des corps mobiles qui les destruisent en les diuisant. C'est vne loy naturelle, que tout ce qui est composé peut estre diuisé en ses parties, d'où l'on peut inferer que les choses naturelles qui s'engendrent par l'accrochement des petits corps qui les forment, se destruisent par leur écartement & leur entiere dissolution.

Comme la vie des animaux peut estre destruite par mille moyens, quoy qu'ils ne viuent que par vn seul, de mesme le Monde qui ne subsiste que par vn seul assemblage, peut estre diuisé & écarté par vne infinité de manieres. Comme on distingue trois âges dans les animaux, leur ieunesse, leur âge parfait, & leur vieillesse, Epicure a appliqué ces trois âges au Monde : Il l'a fait ieune, quand les Atomes qui voltigoient dans les espaces immenses de l'Vniuers ont commencé à s'accrocher & se lier ensemble, de sorte qu'il en arriuoit en abondance, & ne s'en destachoit que fort peu. Il a asseuré qu'il estoit dans son âge viril, ou son estat de consistence, quand il receuoit autant d'Atomes qu'il en perdoit ; mais qu'il estoit dans sa vieillesse quand il s'en destachoit dauantage qu'il ne s'en reünissoit. Le desordre des Grecs, & quelques sterilitez arriuées du temps d'Epicure luy ont donné occasion de croire que le Monde estoit non seulement fort vieux, mais déja dans sa decrepitude ; ce qui est expliqué tres-elegamment par la poësie de Lucrece, où ie renuoye le Lecteur curieux, pour ne perdre pas le temps à la rapporter.

Liu. 1. & 2.

Cette opinion est exagerée par vn grand nombre d'Autheurs prophanes

& Chreſtiens, qui font voir que le Monde, & toutes ſes parties ont beaucoup perdu de leurs perfections naturelles.

Et genus hoc viuo iam decreſcebat Homero,
Terra malos homines nunc educat, atque puſillos.

S. Cyprien declame auec ſon eloquence ordinaire contre la decadence du Monde, quand il fait voir que la nature a perdu ſa premiere vigueur & ſon plus beau luſtre. L'Hyuer, dit-il, n'eſt plus aſſez abondant en pluye pour humecter la terre, le Printemps peu à peu deuient ſterile, l'Eſté n'eſt plus aſſez chaud pour meurir les moiſſons & les fruits, l'Automne eſt deuenuë ſi pluuieuſe qu'elle fait pourrir tous les biens qui ſont ſur la terre. Il continuë ſon exageration & dit, que l'on ne tire plus tant de mineraux des minieres qui ſont vuidées, que le laboureur voit diminuer tous les ans la fertilité des campagnes, que le nautonnier deuient malheureux dans ſes nauigations, que le ſoldat eſt moins braue dans les armées; que les marchands ſont moins fideles dans leur commerce, les iuges moins equitables dans les Tribunaux, les amis ſont infideles; & enfin que le ſiecle de fer où nous ſommes nous fait bien voir que les hommes ſont plus auares, plus cruels & plus meſchants que leurs premiers peres. La raiſon qu'il en rend eſt, que la nature ne peut pas eſtre ſi vigoureuſe ny ſi pure vers la fin que dans ſon commencement, ou dans ſon eſtat de conſiſtence; ce qu'il fonde ſur vne comparaiſon qu'il en fait auec le Soleil, qui n'eſt ny chaud ny éclatant quand il ſe couche, qu'il l'eſt au milieu de ſa courſe, ou au matin, quand il nous vient redonner ſa lumiere. C'eſt vne loy naturelle, que toutes les creatures deperiſſent & prennent fin, comme elles ont pris naiſſance & accroiſſement. Les hommes ne ſont plus ſi grands, ſi ſains, ſi forts ny ſi vigoureux qu'ils eſtoient dans les premiers ſiecles, où ils viuoient ſainement des huit & neuf cens ans, & à preſent c'eſt vne choſe extraordinaire de les voir viure 80. & 100. ans. On en voit dont toute la vie eſt ſi foible & ſi languiſſante, qu'elle peut paſſer pour vne maladie continuelle, & vn flux de toute ſorte de douleurs: les vns blanchiſſent dans leur ieuneſſe, les autres perdent leurs cheueux & leurs dents auant qu'elles ayent crû; en vn mot l'âge de la pluſpart des hommes ne finit plus, mais elle commence par leur vieilleſſe. Nous examinerons cette doctrine cy-apres.

lib. 5. 6. La ſeconde raiſon que Lucrece apporte de la diſſolution du Monde, eſt priſe de la deſtruction des corps qui le compoſent. Il pretend que les exhalaiſons & la pouſſiere qui s'enuolent de la terre la diminuent conſiderablement, que la mer & les fleuues la minent peu à peu, que les eaux ſeront épuiſées par les continuelles vapeurs qui en ſortent, que l'air ſera à la fin ſi fort condenſé par le froid & bruſlé par le chaud, qu'il ſera deſtruit; & qu'enfin les Aſtres & les Cieux n'ayant pas vn fond inépuiſable de lumieres & d'influences, ſe diſſiperont dans la ſuite des temps; ce qu'il confirme par vne longue & agreable induction de toutes les creatures ſenſibles qui ſont produites & deſtruites deuant nos yeux.

La troiſieſme raiſon que le meſme Lucrece employe pour prouuer la fin du Monde, eſt tirée de la contrarieté & du combat des parties qui le compoſent

posent. Les élemens & plusieurs autres corps se choquent & s'attaquent si rudement, qu'il y a suiet de croire que leurs combats & leurs contrarietez causeront vn iour la ruine totale de l'Vnivers. Le feu consommera la partie superieure du Monde, & les eaux submergeront toute la terre habitable, comme on l'a desia veu par l'incendie de Phaëton & le Deluge de Deucalion, qui ont fait dans sa pensée des playes assez considerables au corps de la Nature, pour en coniecturer l'entiere destruction.

Il conclud que le Monde entier n'est pas moins sujet à la mort, que l'homme & les autres choses viuantes ; & comme nos maladies nous presagent la mort, de mesme les embrasemens & les deluges qui sont arriués, sont des auantcoureurs certains de la fin du monde. D'ailleurs l'homme se croit mortel sans auoir éprouué la mort, seulement parce qu'il se voit defaillir ; il doit donc croire que le Monde est perissable, puis qu'il le voit diminuer de iour en iour, & tenir pour certain, qu'estant composé des mesmes principes que ses parties, il est sujet aux mesmes dissolutions & aux mesmes accidens.

Nec ratione alia mortales esse videmur
Inter nos, nisi quod morbis ægrescimus iisdem
Atque illi, quos à vita natura remouit.

La derniere preuue dont Epicure se sert pour établir la destruction de l'Vniuers, vient de ce qu'il ne croit que trois choses exemptes de generation & de corruption ; les Atomes qui n'ont point de parties qui puissent estre penetrées & diuisées, le vuide qui ne se peut toucher, ny destruire, & l'Vniuers qu'il iugeoit indissoluble, parce qu'il n'y auoit point d'espaces au delà pour receuoir le debris de ses parties. D'où il infere que le Monde n'ayant aucune de ces conditions, il peut estre engendré & corrompu. Summa summæ est æterna.

Voila les quatre raisons des Epicuriens sur la fin du Monde, dont les trois premieres leur sont communes auec les Stoïciens, & la derniere leur est particuliere, & est vne suite de leurs principes. Quoy qu'elles ayent leur probabilité, & qu'elles établissent vne opinion qui est certaine par la foy, qu'vn Philosophe Chrestien doit suiure comme vne lumiere superieure qui vient dissiper les tenebres de la raison humaine sur l'auenir, neantmoins elles ne sont pas si euidentes que les Peripateticiens, & plusieurs autres sectes de Philosophes ne les puissent contredire par des instances contraires. Ils opposent que le Monde n'a aucune cause ny interne ny externe de sa corruption ; car, disent-ils, la contrarieté & l'alteration de ses parties qui renaissent les vnes des autres ne seruent qu'à le perpetuer, & comme il comprend tous les effets en soy, il n'y a point d'agent externe qui le puisse destruire. Ie répons à cela, que le combat des élemens & les mouuemens qu'ils attribuent aux Cieux & aux Astres, peuuent estre les causes internes qui destruiront peu à peu cette effroyable masse de l'Vniuers, dont nous pouuons aussi raisonnablement induire la dissolution generale par celle de ses parties, qu'on conclud celle de l'animal entier par celles de ses membres.

Quant à la cause externe de la ruine du Monde, Epicure soutient qu'il la faut attribuer au choc d'vn autre Monde, qui par vn fortuit concours de son mouuement naturel viendra à rencontrer celuy-cy pour s'entrebriser, & se dissoudre entierement dans leurs atomes. Ce que Lucrece explique par la comparaison qu'il en fait auec deux tonneres, qu'vn vent contraire fait s'entreheurter si rudement, qu'ils creuent la nuée & se dissipent en tombant. Mais il est plus raisonnable de dire que Dieu est la cause externe de la destruction du Monde dont il est l'Auteur, & qu'il est le maistre de son ouurage, qu'il peut aneantir auec autant de facilité qu'il l'a creé.

Ils repliquent, & disent qu'il seroit messeant à la sagesse & à la bonté Diuine de destruire son ouurage qui est tres-parfait, & tres excellent. Mais ils ne voient pas que Dieu ne seroit pas Dieu, s'il n'auoit vn pouuoir absolu sur ses creatures, & qu'il ne les peust aneantir en vn moment en leur ostant son concours. Si nous ne connoissons pas les raisons qui l'obligeront à le destruire, c'est que les resforts de son infinie sagesse nous sont impenetrables, & que ses desseins surpassent infiniment la portée de nostre esprit. Il vaut donc bien mieux croire, que c'est vn souuerain qui ne peut estre assuietty aux loix du Monde, qu'il a faites, & dont il se peut dispenser quand il luy plaist; & que le Monde finira auant le Iugement puis que Dieu l'a predit, & qu'il est tres-fidelle dans ses promesses.

Ceux qui necessitent Dieu à conseruer le Monde apres qu'il l'a produit, & à maintenir inuiolablement l'ordre qu'il a estably dans la nature, me semblent commettre vne aussi grande impieté que les Anciens qui faisoient Iupiter l'esclaue du destin, & le valet des Parques. Ils adioûtent encore, que la destruction du Monde seroit vne preuue que Dieu se repentiroit de l'auoir produit, & que le repentir seroit vne marque d'imprudence. Mais il est facile de faire voir que ce n'est pas vn repentir dans Dieu de détruire vn ouurage qu'il n'a fait que pour vn temps, suiuant les secrets d'vne sagesse qui ne se peut tromper. On ne doit pas non plus se persuader que Dieu en destruisant le Monde, soit suiet au changement & à l'inconstance comme le fils de l'homme, car ce changement vient seulement du costé du Monde, qui dans sa destruction passera de l'estre au neant. Peut-estre que Dieu a voulu faire le monde corruptible & perissable, pour nous apprendre à distinguer l'ouurier de l'ouurage, ce que l'on auroit facilement confondu si le Monde étoit éternel comme Dieu, puisque les anciens qui ont cru l'eternité du Monde, ont fait paroistre leur idolatrie en deifiant le Soleil & les Astres. Quand Epicure a dit que le Monde deuoit perir par le feu, qui est le plus grand dissoluant de la nature, il n'a pas nié qu'il ne peust-estre destruit par vne infinité d'autres manieres, le comparant auec vn animal, qui n'a qu'vne seule vie, mais qui la peut perdre par vn infinité d'accidens. Si on luy demandoit le temps qu'il falloit pour le destruire, il suiuoit encore la mesme comparaison, & répondoit qu'il en falloit beaucoup moins qu'à le produire; & comme la mort des animaux peut-estre lente ou subite, ainsi le Monde finiroit plus ou moins vîte à proportion de la puissãce de sa cause destructiue, & du dissoluant qui separeroit ses parties; tout ainsi que le corps des animaux est plu-

Semel iussit, semper obsequitur.

tost consômé dans le feu, ou dans la chaux, que dans la terre ou dans l'eau. Seneque nous explique merueilleusement bien cette doctrine, en disant, que rien n'est difficile à la nature quand elle tend à sa fin, elle ne produit ses ouurages qu'auec peine & auec longueur de temps, comme si elle y trauailloit à regret, mais elle les destruit facilement & tout d'vn coup. Helas combien faut-il d'années, & de choses pour former, nourrir & éleuer vn enfant, auant qu'il soit dans vn aage parfait, & il ne faut qu'vn moment, & vn malheureux accident pour le faire mourir; il faut des siecles pour bastir vne grande ville, qui sera détruite en vn iour, & le feu bruslera en vne heure vne forest aussi ancienne que le Monde. D'où il conclud que toutes choses croissent & subsistent auec beaucoup de peine & de soin, mais qu'on les voit perir en vn moment. Quæst. nat. 3. cap. 27.

Examinons maintenant s'il y a des raisons de croire que le Monde est sur son declin, & si cette opinion qui est receuë des Philosophes, des Poetes, & du Vulgaire, a quelques fondemens solides & veritables. Ils pretendent prouuer par vne induction generale que toutes choses sont alterées, & deteriorées; ils veulent nous persuader que les hommes viuent moins qu'aux premiers siecles, qu'ils sont plus petits, plus foibles & plus malsains, qu'ils n'estoient autrefois, & que tous les enfans ont de plus mauuaises mœurs que leurs parens; qu'ils sont aussi vitieux à present, qu'ils estoient vertueux auparauant, aussi cruels, qu'ils estoient doux, aussi seditieux qu'ils estoient pacifiques, & qu'enfin les crimes qui regnent auiourd'huy nous font bien voir que nous sommes passez du siecle d'or, dans le siecle fer, c'est à dire d'vn estat comblé de felicité, dans vn estat remply d'vne infinité de malheurs & de miseres. D'où ils concluent que le desordre est si grand parmy les hommes, & la foiblesse si euidente dans la nature, qu'on voit clairement qu'elle est proche de sa fin. De la decadence du Monde.

Ie soutiens pourtant contre tous ces raisonnemens que le Monde qui est l'ouurage des mains de Dieu, possedera toutes les perfections naturelles qu'il luy a données dans la creation tant qu'il luy plaira de le conseruer. Il a beau changer dans ses alteratious particulieres, il sera tousiours le mesme, & celuy qui le considerera attentiuement, le trouuera tel qu'il a esté dans les premiers siecles. Il n'y a que le vulgaire ignorant qui puisse croire sa decadence, que les Poëtes fabuleux qui puissent establir les siecles d'or & de fer, & ie doute mesme s'il est des Philosophes assez clairvoyans pour auoir apperceu des rides sur la face de la nature, d'où ils puissent tirer des marques asseurées de sa vieillesse & de sa decrepitude.

Les hommes qui viuent auiourd'huy sont semblables à ceux qui les ont precedés, & comme ils sont tous heritiers du peché originel, ils ont eu de tout temps de tres-pernicieuses inclinations, & se sont abandonnez à toute sorte de crimes. La guerre est aussi ancienne que le Monde, & les deux premiers freres, qui deuoient estre tres-vnis, en ont fait vne si cruelle entr'eux, qu'elle n'a pu estre terminée que par l'entiere defaite de l'vn des deux partis. Leurs descendans ne se sont pas si-tost vnis dans la societé ciuile, qu'ils se sont declaré la guerre; & la premiere ville qui a esté bastie a moins esté faite pour la commodité de ses citoyens, que pour les defendre de leurs ennemis.

Si les premiers hommes nous ont paru debonnaires & pacifiques, c'est qu'estant alors en petit nombre, ils ont eu moins de suiet de se quereller, & leurs guerres ont eu si peu d'éclat, que l'oubly les a enseuelies, faute d'Historiens pour les faire reuiure: S'ils ont esté estimez plus gens de bien que nous, c'est que nous ignorons leurs crimes, & que nous sommes témoins des nostres. Les premiers hommes, & les nations qui sont encore barbares & qui nous paroissent viure auec plus d'innocence, sont des hommes qui sont plustost stupides & impuissans que vertueux, & s'il y a plusieurs crimes enormes parmy les nations ciuilisées dont ils ne se noircissent pas, c'est qu'ils n'ont ny l'esprit ny l'occasion de les commettre, & en cela ils n'en sont pas plus loüables. Quand il seroit vray que la nature dans son enfance eust eu moins de vices, elle auroit aussi eu en ce temps-là moins de vertus, parce que les hommes auoient moins de raison & moins de science.

Plures occidit gula quam gladius.

Au reste si les hommes viuent moins à present, & qu'ils soient suiets à plus de maladies qu'ils n'estoient autresfois, c'est leur intemperance, leur yvrognerie, & leur gourmandise qui en sont la cause. Vn fameux Medecin a eu raison d'escrire, que depuis la decouuerte des Indes les sucreries, les épiceries, & toutes les autres drogues dont on se sert pour prouoquer l'appetit & satisfaire le goust, ont abregé la vie des hommes, & multiplié leurs maladies. Adioustons y que la volupté où ils s'abandonnent les enerue & les affoiblit tellement, qu'ils n'engendrent plus que des enfans foibles & valetudinaires. Nos Ancestres auoient peu de villes à habiter, & demeuroient ordinairement à la campagne, où ils ioüissoient d'vn air & plus pur & plus sain que celuy que nous respirons parmy l'ordure de nos grandes citez. Comme ils auoient moins d'auarice & moins d'ambition que nous, leur sang & leurs esprits n'estoient pas si agitez par l'impetuosité & le contrecoup de plusieurs passions violentes & contraires, ainsi que nous le sommes auiourd'huy. Ils estudioient moins ils voyageoient moins, & l'esprit qui vse le corps auoit plus de repos; de sorte que toutes ces choses contribuoient à la santé & à la longueur de leur vie. L'experience nous fait connoistre que les hommes qui ont des passions violentes, auec beaucoup d'esprit, & qui trauaillent de la teste, comme les gens de lettres, les gens de Cour, les Peintres, & les autres Artisans ingenieux viuent beaucoup moins que les gens grossiers, les stupides, & les faineants, dont l'insensibilité & la bestise est recompensée d'vne longue vie.

Bien que la connoissance de l'auenir soit impenetrable à l'esprit humain, & qu'il n'y ait que Dieu seul, & ceux à qui il voudra le reueler, qui puissent connoistre la durée du Monde, & en quel temps il finira. Cependant la curiosité du Lecteur sera diuertie, s'il me permet d'abandonner la Physique & de luy rapporter comme vn Historien tout ce qui s'est dit sur vne question aussi agreable

Ie remarqueray d'abord que les Philosophes ont comparé la durée du Monde auec la vie de l'homme, diuisant tousiours l'vne par l'autre, quelquefois en deux âges, en ieunesse & en vieillesse: tantost en trois, en ieunesse en virilité & en vieillesse: vne autre fois en quatre, en enfance, en ieunesse,

ieunesse, en aage de consistence, & en vieillesse ; & enfin en sept aages, sçauoir, en enfance, en puerilité, en adolescence, en ieunesse, en virilité, en vieillesse, & en decrepitude. Ils composoient la durée entiere du Monde de toutes ces parties, dont ils formoient sa grande année, que les Astrologues terminent par la reuolution entiere de tous les Cieux, & de tous les Astres qui sont dans le Ciel.

Ils soustiennent que quand les Cieux & les Astres auront acheué leurs cours, le Monde finira, parce que ces corps se seront aquités en ce temps-là du mouuement que la nature leur auoit prescrit, & qu'ils seront reuenus au mesme point du Ciel où Dieu les auoit mis en les creant. Mais il est aussi croyable que cette grande année du Monde recommencera en ce temps là, qu'il est vray que l'année solaire, qui est leur petite année a desia recommencé toutes les fois que le Soleil a redoublé son cours sur le zodiaque ; & il n'y a aucune apparence de croire que Dieu a composé la machine des Cieux & des Astres d'vne maniere si fragile, qu'ils ne puissent tourner qu'vne seule fois sans se briser pour faire finir le Monde.

Toute la contestation des Philosophes & des Astronomes, est pour sçauoir le temps de cette reuolution generale du Monde, qui en fait la durée. Il y a des Autheurs qui l'ont faite si courte que l'experience les a conuaincus de faux, puisqu'il a desia plus duré qu'ils n'auoient predit. Parlons de ceux qui l'ont fait durer dauantage.

Plutarque rapporte l'opinion de ceux qui asseuroient que la grande année du Monde estoit de 7777. ans Solaires ; qui est vn nombre fort critique. Les autres chez Empiricus le font de 9977. ans. Ciceron le fait durer 15000. ans suiuant Macrobe. Heraclite chez Plutarque 18000. ans. Dion 19804. ans. Les Astronomes qui mesurent la durée de cette année du Monde par la reuolution du firmament, luy donnent auec Ticho Brahé 25. ou 26. mille ans, auec Alphonse 40. mille ans. Censorinus cite des Autheurs qui le font durer 120. mille ans. Firmicus 300. mille ans, & Achille ratius 350630. ans.

Les Platoniciens & ceux qui ont creu le Monde éternel, ont asseuré que sa durée renfermoit vne infinité de grandes années, ou de reuolutions generales, par lesquelles le Monde reprenoit de temps en temps sa premiere splendeur. Enfin il n'y a iamais eu de matiere sur laquelle les Philosophes, les Astrologues, & tous les faux Prophetes nous ayent tant debité d'impostures, que sur la durée & la fin du Monde, qui n'est pas plus ancienne que leurs resueries.

Il s'est mesme trouué de temps en temps des Docteurs & des Predicateurs Catholiques, qu'vn zele indiscret de Religion a poussez à exagerer la decadence du Monde, & à supposer de fausses reuelations & de nouueaux prodiges pour intimider les Pecheurs, & les espouuanter en leur annonçant le iugement dernier. Cette fraude pieuse ne laisse pourtant pas d'estre criminelle deuant Dieu qui est ennemy du mensonge, & dont les saintes loix ne permettent pas de former des erreurs, pour corriger les hommes.

On a reproché aux anciens Peres de l'Eglise, que les Chrestiens annonçoient la fin du Monde & des Astres, conformement à l'Escriture qui en parle en ces termes : Les Cieux se precipiteront vers leur ruine, les élemens seront consommez par le feu, qui bruslera la terre & tout ce qu'il y a dessus. Minutius Felix tasche d'adoucir cette opinion, en faisant voir qu'elle estoit receuë des Philosophes Epicuriens & des Stoïciens, & partant qu'elle ne deuoit pas estre estimée contraire à la raison.

Il y a aussi vn long-temps que les Rabbins nous ont voulu abuser par leurs coniectures touchant la durée & la fin du Monde, comme de le faire durer 4. mille ans, à cause des quatre animaux que vit Ezechiel. De luy en donner 6. mille, à cause des six lettres du mot Hebreu, Iehoua, ou à cause que la lettre M. est repetée six fois dans le premier verset de la Genese, pour marquer six mille ans. Ils ont encore peu se fonder sur les six iours que Dieu employa à creer le Monde, pour se reposer le 7. qui marque le repos du Monde apres sa reuolution entiere. Ils confirment la mesme pensée par la suite des generations, d'Enoch qui fut enleué au Ciel apres la sixiesme, & par le nombre de six qui est composé de trois binaires dont les premiers 2. mille ans, ont esté pour la loy de nature, les deux seconds, pour la loy escrite, & les deux derniers pour la loy de grace. Quelques-vns luy ont donné 8000. ans, à cause des 8. iours qui sont entre son Incarnation & sa Circoncision : mais pourquoy ne luy donnent ils pas 40000. ans, à cause de la quarantaine que nostre Seigneur ieusna dans le desert, & des quarante iours qu'il demeura apres sa resurrection auant que de monter au Ciel. C'est vne chose estonnante que les hommes ayent tant eu de visions sans fondement sur ce suiet, & qu'ils ayent eu tant de sectateurs de leurs vaines pensées.

Il faut remarquer que les saints Peres, & generalement tous ceux qui nous predisent la fin du Monde, parlent plustost en Predicateurs, & en exagerateurs, qu'en veritables Theologiens ou en Philosophes. Iamais on n'a remarqué dans l'Histoire aucuns temps de pestes, de guerres, de famines, d'inondations ou de grands tremblemens de terres, qu'on n'ait en mesme temps persuadé au Peuple que la fin du Monde approchoit. Ce que l'on a pratiqué pour intimider le pecheur, & pour le retirer du vice ou de la rebellion.

Omnem expectationem non videri amplius quam ducentorum annorum.

Il y a long-temps que le terme s'est passé dans lequel les SS. PP. de l'Eglise nous auoient menacé du Iugement dernier. Lactance s'emporta à dire de son temps qu'il n'y auoit tout au plus que deux cens ans à attendre, quoy que nostre Seigneur eust auerty les Apostres, que ce n'estoit pas aux hommes à connoistre les temps & les momens que Dieu feroit finir le Monde. Pour reuenir aux Philosophes écoutons Lucrece.

Iamque adeo fracta est aetas, effaetaque tellus
Vix animalia parua creat, quae cuncta creauit
Saecla, deditque ferarum ingentia corpora partu. &c.

Voicy comment il s'accorde auec les saints PP. pour annoncer la fin du Monde.

Sed tamen effabor, dictis dabit ipsa fidem res
Forsitan & grauiter terrarum motibus Orbis
Omnia conquassari in paruo tempore cernes.
Quod procul à nobis flectat fortuna gubernans,
Et ratio potiùs quàm res persuadeat ipsa
Succidere horrisono posse omnia victa fragore.

La derniere question examine ce qui arriuera apres la fin du Monde, où les Anciens n'ont pas manqué de porter leurs chimeres & leurs réueries. Epicure dit que le Monde finira par la discussion des Atomes dont il est composé, & qu'ils reprendront la liberté de vaguer dans les espaces de l'Vniuers apres auoir esté long-temps reserrés dans la masse du Monde, & qu'enfin par vn mouuement naturel & fortuit ils se reünîront quelque iour pour faire vn nouueau Monde. Ce qui est d'autant plus vray semblable, que la corruption d'vne chose est suiuie de la generarion de l'autre.

Les Stoïciens vous diront auec Heraclite, que le nouueau Monde qui renaistra de celuy cy luy sera parfaitement semblable, ayant la mesme matiere & la mesme cause pour le former. Seneque passe plus loin, en disant que non seulement le nouueau Monde aura la mesme matiere & la mesme forme que celuy cy, mais encore qu'il y aura la mesme suitte des causes particulieres & de tous leurs effets. Voicy ses paroles expresses. L'ordre ancien du Monde sera restably, tout animal sera reengendré, vn nouuel homme viendra habiter la terre auec sa premiere innocence, qui ne durera pas long-temps, pour faire place à plusieurs sortes de crimes où sa posterité s'abandonnera. Et ailleurs. La mort que nous craignons tant, & que nous éuitons auec tant de soin, est vn doux sommeil qui ne nous oste pas la vie, mais qui l'interrompt seulement pour vn temps, puis qu'il reuiendra vn iour qui nous rendra vne vie que plusieurs refuseroient, s'ils auoient de la memoire de ce qu'ils ont souffert en celle-cy.

Vita si daretur scientibus nemo acciperet.

Veniet iterum qui nos in lucem reponat dies, quam multi recusarent, nisi oblitos reduceret.

Origene a esté dans la mesme erreur, se seruant de plusieurs passages de l'Escriture pour prouuer que le Monde a esté precedé par d'autres, & qu'il sera suiuy eternellemẽt de ceux qui renaistront. Surquoy il rapporte ce passage de l'Ecclesiaste, Qui a-t'il qui n'ait pas desia esté, & qui ne soit pas vn iour à venir, comme il est à present. Rien n'est nouueau sous le Soleil, & personne ne peut dire cela est recent. Et cet autre passage d'Isaye, Il y aura vn nouueau Ciel & vne terre nouuelle, que ie fais desia demeurer deuant mes yeux, c'est a dire que i'ay dans mes idées eternelles. Et cet autre lieu de l'Apocalypse, I'ay veu, dit S. Iean, vn Ciel nouueau & vne terre nouuelle; car le premier Ciel, & la premiere terre estoient desia passez. Sur quoy Lactance dit qu'il n'y aura qu'vne seule cité de paix & de felicité sur la terre, pareille a celle que nous eussions ressentie dans le Paradis si nous auions conserué l'innocence originelle, & pareille a celle que les Poëtes ont descrites pour les ames bien-heureuses dans les champs Elisées. Voicy comme il en parle. Les bestes carnacieres ne se repaistront plus de sang, il n'y aura plus d'oiseau de proye, point de contrarieté parmy les choses naturelles, ny d'antipathie entre les animaux : Toutes les creatures seront contentes & heureuses, les Lions & les Veaux mangeront ensemble dans la mesme creche, le Loup paistra auec les Agneaux, le Chien ne chassera plus les Lievres & les Cerfs, les Espreviers & les Aigles ne nuiront plus aux autres oiseaux, l'enfant se joüera des serpens qui seront sans venin ; enfin il se verra vn temps pareil à celuy que les Poëtes nous racontent des siecles d'or sous le regne de Saturne. Cecy est fort conforme à ce qu'en a escrit Virgile dans sa 4. Eclogue.

Cedet & ipse mari vector, nec nautica pinus
Mutabit merces, omnis feret omnia tellus,
Non rastros patietur humus, non vinea falcem,
Robustus quoque iam tauris iuga soluet arator.
Tunc etiam molli flauescet campus arista,
Incultisque rubens pendebit sentibus vua:
Et duræ quercus sudabunt roscida mella,
Nec varios discet mentiri lana colores;
Ipse sed in pratis aries iam suaue rubenti
Murice, iam croceo mutabit vellera fuco,
Sponte sua sandix pascentes vestiet agnos,
Ipsæ lacte domum referent distenta capellæ
Vbera, nec magnos metuent armenta leones

On peut croire pieusement vne opinion assez commune parmy les Doćteurs Catholiques, que toute la terre apres auoir esté purifiée par le feu du Ciel reprendra vne nouuelle face, & sera aussi belle qu'eust esté le paradis terrestre ; que Dieu en donnera l'habitation aux enfans qui seront morts sans baptesme, & aux infidelles qui auront obserué la loy de nature, au defaut de la loy de l'Euangile qu'ils auront ignorée d'vne ignorance inuincible. Ils disent qu'vn Printemps eternel y produira des fleurs & des fruits en mesme temps, qu'il sera exempt de l'iniure des saisons & des animaux, que la Lune y iettera vne lumiere aussi pure & aussi éclatante que celle du Soleil, que le Soleil y répandra vne lumiere sept fois plus viue que celle qu'il nous donne. La terre y sera sans montagnes, la mer sans tempestes, les Cieux & les Astres seront dans vn mouuement aussi doux que le repos ; enfin toute la nature sera dans vn estat parfait, pour faire le comble de la felicité de ceux qui habiteront ce Paradis terrestre.

FIN DV I. LIVRE.

Fautes d'Impression contenuës dans le premier Liure.

Page 4. seuls Anatomistes. *lisez*, & les seuls. page 6. Baron, *lisez* Bacon. page 9. rallier, *lisez* regler. page 12. logé, e *lisez* logée. montrer, *lisez* mourir. page 13. qui defend, *lisez* defendre. page 21. quoque, *lisez* quoique. page 26. erreur que de ne la plus suiure, ostez que page 31. Cospernic, *lisez* Copernic. page 38. Trismegistes, *lisez* Trismegiste. pour qu'ivn, *lisez* pour qu'vn. page 44. ce qui les a fait dire, *lisez* ce qui leur a fait dire. Æthereos, *lisez* ætherios. amnes *lisez* omnes. vt *lisez* & page 52. ne delaisse *lisez* ne laisse. page 56. compilerons, *lisez* combleront. les choses, *lisez* ces choses. page 60. nascentes. *lisez* nascentis.

LES ESSAIS, OV DISSERTATIONS DV SR DE LAVNAY, SVR LA PHYSIQVE VNIVERSELLE DES PHILOSOPHES ANCIENS ET MODERNES.

LIVRE PREMIER, DV LIEV, DV TEMPS, ET DV VVIDE.

DISSERTATION PREMIERE, de la nature & des proprietez du Lieu.

L'ORDRE de doctrine qui fait la liaison & la beauté des sciences, nous engage, apres auoir examiné le Monde en general dans le liure precedent, de traiter dans celuy-cy du Lieu, du Temps, & du vuide, qui sont des choses aussi vniuerselles que l'Vniuers qu'elles renferment & qu'elles surpassent en étenduë. Ce que nous faisons auec d'autant plus de raison, que nous sommes persuadez, contre le sentiment commun de la Philosophie ordinaire, que ce ne sont point des accidens, ny des proprietez des choses corporelles; mais des Estres & des espaces incorporels, qui seruent à les contenir & à les mesurer.

A la verité l'examen de ces matieres est tres-delicat & tres difficile à faire; mais l'intelligence en est si avantageuse, que si on les a bien conceuës, elles peuuent seruir de principes infaillibles, pour découurir les plus importantes veritez de la Physique.

Pour commencer par le Lieu, afin d'en bien connoistre la nature, & en suitte celle du Temps, il est absolument necessaire de diuiser l'Estre exactement, pour sçauoir à quel Genre, ou à quelle Categorie, ces deux choses doiuent estre rapportées. Diuision de l'Estre

Il faut donc remarquer que l'Estre en general a pu estre diuisé en plusieurs manieres; tantost en des membres positifs, comme en esprit & en corps;

tantost en vn membre positif & en son negatif, comme en creé & increé; en mobile & immobile, en homme & non homme.

Mais de toutes les diuisions de l'Estre la plus commune, & dont il est icy question est celle qui le diuise en substance & en accident. On l'attribuë communement à Aristote, quoy qu'elle ait esté receuë auparauant des Pythagoriciens, comme on le voit dans Ocellus, & des Platoniciens, comme Simplicius le rapporte de Xenocrate. La mesme diuision a esté suiuie par nostre sçauant Epicure, qui conuient auec Aristote, que tout Estre comprend ou les natures qui existent par elles-mesmes, ou les accidens qui leur arriuent. La difference est seulement, qu'Aristote a nommé les substances des Essences οὐσίας, & Epicure des Natures φύσεις. Ces grands Philosophes ont diuisé les substances en corporelles, & en incorporelles : mais les Natures incorporelles d'Epicure estoient le vuide, & les Essences spirituelles d'Aristote estoient des intelligences qui remuoient les Cieux. Voicy comment Lucrece nous découure la pensée d'Epicure, qui composoit l'Vniuers de deux choses seulement, des corps & du vuide, sans en admettre vne troisiesme.

Aut vt naturas per se existentes, aut vt ipsarũ quę dicuntur, accidẽtia. Ep. 58. ad Herod.

Omnis vt est igitur per se Natura, duabus
Consistit rebus, quæ Corpora sunt & Inane.

Ce qu'il prouue, parce que tout Estre qui peut agir, & estre touché, est vn corps; & celuy qui est immobile, & ne peut estre touché ny agir, mais qui sert à donner passage au corps pour se mouuoir, est le vuide.

Tactus corporibus cunctis, intactus inani.

Ie remarqueray icy en passant vne chose tres-vtile pour l'intelligence des sciences, & de toutes les Philosophies. C'est que tous ces termes, Essence, Existence, Nature, Substance, Subsistence sont synonimes, & ne signifient veritablement qu'vne mesme chose differemment considerée. Le mesme Estre est appellé Essence, en tant qu'il est vne telle chose differente de toutes les autres; Existence, en tant qu'il est actuellement, & qu'il est distingué de ce qui n'est point; Nature, en tant qu'il est la cause de certaines operations particulieres qui luy sont propres; Substance, en tant qu'il subsiste par soy-mesme, independemment d'vn autre Estre creé, & qu'il est le suiet des accidens; & Subsistence, en tant qu'il est indiuisible & incommunicable à tout autre. C'est pourquoy dans le progrez des sciences ces termes ne nous confondront plus, comme ils font les Philosophes de l'Ecole, qui les conçoiuent comme des Estres reellement differens.

Quant au second membre de la diuision, qui est l'accident, Epicure les distingue comme Aristote, se seruant du mot de symptome. Il en fait de deux sortes, l'vn necessaire & inseparable, appellé *Conjunctum* en Latin, c'est l'accident propre, ou metaphysique d'Aristote : l'autre est l'accident physique, commun ou inseparable, *euentum*.

Sur quoy ie croy encore fort necessaire, pour oster l'equiuoque, qui cause assez souuent les erreurs en Philosophie, de definir exactement l'accident qu'Aristote appelle l'Estre de l'Estre, & de le diuiser en toutes ses significations.

Entis ens.

L'accident en general se prend d'abord pour tout ce qui n'est pas l'essence de la chose, mais qui luy arriue comme vn Estre, ou vne maniere d'Estre qui en est la suite. Exemple la science, ou la risibilité dans l'homme.

Diuisiõ de l'accident. Appendix naturæ

L'accident se peut diuiser en moral & en physique. L'accident moral se dit des choses qui ont vnion accidentelle, ou dans leurs causes, ou dans leurs effets : comme c'est vn accident au Medecin d'estre Musicien, & au Laboureur de trouuer vn tresor.

L'accident Physique se prend pour vn Estre qui arriue & est adiousté à vne substance. Il se diuise en necessaire, appellé propre, comme la chaleur à l'égard du feu, & la risibilité à l'égard de l'homme; ou en contingent, comme la science, la vertu, qui peuuent estre & ne pas estre dans leur suiet sans qu'il soit destruit.

La diuision de l'Estre en substance & en accident supposée, rien n'est plus celebre que la subdiuision qu'on attribuë à Aristote de l'accident en neuf differens genres souuerains, qui sont, la quantité, la qualité, l'action, la passion, la relation, l'où, le quand, la situation, & l'auoir. Cependant ces dix Genres ont esté inuentez par les Pythagoriciens, & par Architas, qui en a composé vn liure exprés au rapport de Simplicius, qu'Aristote a rendu celebre sous le nom des dix Categories dont il a traité dans sa Logique & dans sa Metaphysique, mais dont il n'a apporté aucune preuue, ny donné aucune definition, s'estant contenté de les designer par des exemples. Ce n'est pas icy le lieu de montrer que toute cette doctrine est sans fondement.

Pour entrer en matiere, nous obseruerons premierement qu'Aristote, & la plusp art des Philosophes qui l'ont suiuy, en rapportant tout aux dix Categories, ont mis le temps & le lieu, dont il est icy question, sous le genre de la Quantité. Car la diuisant en continuë & en separée, ils ont mis sous la separée le nombre & le discours; & sous la continuë, dont les parties sont naturellement vnies, ils ont rangé cinq especes, la ligne, la surface, le corps Mathematique, le lieu, & le temps.

Opinion d'Aristote touchãt la nature du Lieu.

Ils ont aussi definy le Lieu, vne superficie exterieure & immobile qui enuironnoit les corps; & le Temps, la mesure du mouuement des corps celestes, eu égard aux parties qui precedent & qui suiuent.

Comme ils sont conuaincus par la diuision precedente, que tout Estre est ou substance ou accident, & que toute substance est ou corporelle ou spirituelle, ils ont conclu la mesme chose des accidens qui suiuent la nature des substances dans lesquelles ils se rencontrent : Ce qui leur a fait dire que la Quantité estoit le premier des accidens corporels, de sorte que s'il n'y auoit point de corps, il n'y auroit ny aucun lieu, ny aucun temps, comme ils n'en ont admis aucun auant la creation du Monde.

Cependant il est tres-euident à tous ceux qui n'ont pas l'esprit preoccupé des fausses maximes d'Aristote, que quand mesme il n'y auroit aucun corps, il ne laisseroit pas d'y auoir des lieux propres pour en receuoir, & des temps capables de mesurer leur durée. C'est pourquoy nous soustenons que le Lieu & le Temps ne dependent point des corps, & qu'ils ne sont point des Estres corporels ; mais des Estres incorporels, d'vn autre genre & d'vne autre nature que les substances corporelles, & les accidens qu'ils contiennent & qu'ils mesurent.

Nous diuisons l'Estre creé en substance, & en accident, qui sont dans vn lieu, qui est vn Estre reel & spirituel propre à les contenir ; & dans vn temps, qui est vn autre Estre different, qui les fait durer & continuer dans leur existence. Cette verité est fondée sur ce qu'il n'y a aucune substance ou accident qui ne soit dans quelque espace appellée son lieu, & dans quelque tẽps appellé sa durée, de sorte que si ces choses creées estoient aneanties, le lieu & le temps qu'elles occupoient, demeureroient tousiours comme des choses reelles & independentes de l'entendement, ainsi que nous l'allons faire voir dans l'explication du Lieu.

La veritable definition du Lieu.

Le Lieu se peut definir, vne capacité d'Estre, vne interualle ou vne estenduë incorporelle, ayant longueur, largeur & profondeur propres à receuoir sans penetration celle des corps, ou leur donner passage. Ce n'est rien autre chose que les parties virtuelles, ou eminentielles de l'immensité de Dieu, comme le Temps n'est pas different des parties virtuelles de son eternité.

Afin de ne par confondre les estenduës, diuisons les en corporelles, ou solides, telle qu'est celle des elemens contenus dans la concauité des Cieux ; & en incorporelles, ou d'espace, appellée Vuide, telle que seroit la distance du mesme espace, si Dieu auoit aneanty les elemens, & qu'il eust empesché les Cieux de s'approcher. Cette diuision est appuyée non seulement sur l'authorité d'Epicure, & des plus grands Philosophes de l'antiquité ; mais encore de Nemesius, dont voicy les paroles. Tout corps a les trois dimensions ; mais tout ce qui a longueur, largeur & profondeur n'est pas vn corps, comme sont le Lieu, la Qualité, & tous les Estres incorporels. Par où l'on voit qu'il ne fait point de difficulté de donner de l'estenduë aux choses spirituelles, comme à Dieu, aux Anges, & à l'ame raisonnable. Ce qui ne se peut entendre que d'vne estenduë sans corps, ou d'espace, que la plus saine partie des Theologiens attribuë à Dieu & aux substances intellectuelles, sous le nom d'estenduë virtuelle.

Opinion des Cartesiens, & sa refutation

Il a paru dans nostre siecle, & à l'honneur de la France, vn Philosophe illustre par sa condition, & par son nouueau systeme sur la Philosophie, c'est le celebre Descartes, qui a vne doctrine fort opposée à celle-cy, puis qu'il diuise l'Estre seulement en deux especes, sçauoir l'Estre qui pense, qui est vn esprit, & l'Estre estendu, qui est vn corps. Il soustient que le Lieu & le Temps ne peuuent estre sans des choses corporelles, & que tout espace vuide, toute interuale, ou vne distance sans vn corps estendu, est vne idée non seulement imaginaire & fausse, mais vne chose qui ne se peut conceuoir, & qui est impossible à Dieu & à la nature.

Sur quoy ie prie les Sectateurs de ce grand homme de considerer auec moy que Dieu peut destruire tout ce qu'il a creé, & qu'il conserue librement ; qu'il peut aussi destruire quelques parties de l'Vniuers, en conseruant les autres

tres, & les rendant immobiles. Suppoſons donc qu'il deſtruiſe les elemens qui ſont renfermez dans le Ciel de la Lune, & qu'il empeſche que les corps celeſtes ne changent de place & de ſituation pour s'entretoucher. Ils ne me peuuent nier cette hypotheſe ſans impieté, puiſque Dieu eſt tout-puiſſant & independant dans la conſeruation des parties de l'Vniuers, & qu'il n'y a aucune euidente contradiction à dire que Dieu conſerue les corps celeſtes & les rende immobiles en deſtruiſant les corps elementaires.

Cela ſuppoſé, ie leur demande s'il ne leur eſt pas non ſeulement aiſé de conceuoir de l'eſtenduë dans la concauité des Cieux, & ſi vn point marqué en vn endroit du Ciel, par exemple vn Zenith ne ſeroit pas diſtant de ſon point oppoſé, qui ſeroit ſon Nadir, ſi ils ne peuuent pas ſe repreſenter directement vn point au milieu des precedens qui ſeroit au lieu où eſtoit le centre du Monde, & qui ſeroit le centre de ce vuide.

S'ils pretendent ſe ſauuer en diſant, que les elemens eſtant deſtruits toutes les parties du ciel de la Lune ſe toucheroient, n'y ayant aucune choſe corporelle entre deux c'eſt à dire vne choſe contraire à l'hypotheſe qui ſuppoſe que Dieu rendiſt les parties du Ciel immobiles : Ce qu'ils ne peuuent ſans hereſie oſter à ſa toute-puiſſance. Car ſi auant la deſtruction des elemens ces parties eſtoient diſtantes, & que les coſtez ou les cauitez du Ciel eſtant renduës immobiles, ne ſe ſoient point approchées, il faut de neceſſité, s'ils raiſonnent de bonne foy, qu'ils auoüent qu'elles le ſont encore apres l'aneantiſſement des elemens ; puiſque les choſes vne fois diſtantes ne peuuent iamais ſe toucher, ſi ce n'eſt qu'elles s'approchent par le mouuement local.

Quand ils obiectent, que ces corps-là ſe touchent entre leſquels il n'y a rien ; il leur faut reſpondre que cela ne ſuffit pas, mais qu'il faut encore qu'ils ſoient voiſins, & qu'il n'y puiſſe rien auoir entre deux. Outre que dans nos principes, nous y mettons quelque choſe de reel, ſçauoir vne interualle ou eſtenduë reelle & ſpirituelle. Comme Dieu ne depend point du temps pour deſtruire les elemens, qu'il peut aneantir en vn inſtant ſeulement par le defaut de conſeruation, & que les parties du Ciel ne ſe pourroient approcher que par vn mouuement local, qui demande du temps ; il faut de neceſſité qu'on nous accorde du vuide vers le milieu du Monde, tout au moins pour quelque temps.

Cette opinion des Carteſiens eſt bien plus dangereuſe & plus hardie que celle des Peripateticiens & des autres Philoſophes, qui reiettent le vuide comme contraire à la Nature, & qui ne laiſſent pas de le ſuppoſer & de le conceuoir : Ariſtote a definy, & a demandé ſi le mouuement qui ſe feroit dans le vuide ſe feroit en vn inſtant.

Tous ceux qui parlent religieuſement de la puiſſance de Dieu, n'oſent pas luy oſter le pouuoir de faire du vuide dans la Nature, en repouſſant les corps d'vn lieu, & empeſchant qu'il n'y en entre d'autres ; ou en deſtruiſant ce qui remplit vn lieu, & rendant les parties d'alentour immobiles.

Mais ſi les Carteſiens ſont ſi ennemis du Vuide, qu'ils nient que Dieu le puiſſe produire, qu'ils ſuppoſent auec moy quelque eſtenduë ſans matiere; comme celle d'vn triangle, ou d'vne ligne Mathematique, qui ſont des choſes abſtraites & independantes de la matiere. Par exemple ſuppoſons que dans vn ſalon triangulaire Dieu deſtruiſe tous les corps qui y eſtoient contenus en rendant les trois murailles immobiles, & conſeruant leur figure triangulaire par la ſurface exterieure & interieure. Ie leur demande, la ſurface interieure de ce ſalon, qui n'eſt diſtinguée que par l'eſprit de l'exterieure auec laquelle elle fait vn meſme corps, n'eſt-elle pas encore triangulaire? S'ils reſpondent que non, donc vne meſme choſe ſera triangulaire & ne le ſera pas: S'ils diſent que la ſurface interne demeure, ie concluray que les coſtez demeureront eſloignez, & qu'il y aura de l'eſpace entre deux pour y former vn triangle qui ne peut eſtre figuré en vn point. Donc la ligne tirée de ſa baſe à vn angle marquera vne diſtance & vne eſtenduë, ſans qu'il y ait vn corps.

Ils ne peuuent auſſi reſpondre que les trois murailles, ou leurs cauitez internes ſe reduiſent à vn point, car nous les ſuppoſons immobiles, & ils n'ont point de raiſon de dire que la figure d'vn corps triangulaire change quand tout ce qu'on a deſtruit au dedans eſtoit triangulaire, & que ce qui eſt demeuré l'eſt encore.

Adiouſtez que noſtre opinion eſt bien plus conforme à la raiſon & à la religion, qui reconnoiſſent que Dieu peut produire le neant, en deſtruiſant la matiere qu'il a creée, de dire auſſi qu'il peut creer du vuide, qui dans leur penſée eſt vne partie du neant.

Leur doctrine me fait croire qu'ils tombent dans l'erreur de ceux qui meſurent la toute-puiſſance Diuine par la foibleſſe de leur entendement, & qu'ils ont la temerité de la limiter pour l'aiuſter à leurs principes, pluſtoſt que d'auoir la prudence d'aiuſter leurs principes de Philoſophie à ce dogme de Religion, qui nous fait reconnoiſtre que rien n'eſt impoſſible à Dieu.

Si Dieu auoit creé trois Mondes de la grandeur de celuy-cy, & que deſtruiſant celuy du milieu il conſeruaſt les deux autres immobiles; peut-on conceuoir en bonne foy que ces Mondes ne ſeroient pas deſtruits; peut-on ſouſtenir que ſi Dieu deſtruiſoit le Monde, il ne reſtaſt pas apres ſon aneantiſſement l'eſpace qu'il occupe; peut-on conceuoir, que ſi Dieu l'auoit fait plus grand, il n'occupaſt vn plus grand eſpace; qu'au delà du Monde qui eſt finy, il n'y ait pas des eſpaces imaginaires, & réels où Dieu exiſte, & où il peut créer d'autres Mondes ou tranſporter celuy-cy. D'où ie conclus contre Ariſtote & Deſcartes, qu'il y a des diſtances & des eſpaces vuides de corps, qui ne ſont autre choſe que les parties virtuelles de l'immenſité Diuine, dont l'eſtenduë infinie renferme toutes les creatures, & les contient comme la Mer contient les Poiſſons.

Eſcoutons ſaint Denis l'Areopagite: il nous dira que la nature Diuine eſt vn Ocean infiny d'eſtres & de perfections, qui contiennent toutes les creatures. S. Paul enſeigne que le lieu n'eſt autre choſe que Dieu; lors qu'il dit, que nous viuons, nous nous mouuons, & nous demeurons dans Dieu, Dieu qui ſont des conditions du lieu.

Quand ie dis qu'outre la substance & l'accident creé, il y a vn Lieu & vn Temps, & que le Lieu est vne dimension & vn Estre incorporel, qui est l'immensité Diuine, qui ne dépend point de nostre entendement, ny des corps pour exister; puis que soit que nous y songions, ou que nous n'y songions pas, ces espaces vuides ne laissent pas de subsister réellement, & d'estre capables sans penetration de receuoir les corps, mais incapables de mouuement & d'action.

Pour l'inconuenient où on nous veut reduire, d'admettre vn Lieu réel qui a precedé le Monde, & qui le suiura comme vn Estre increé, s'il est aneanty; Ie croy que cela se conciliera auec la foy, en disant que les espaces s'accordent fort bien auec l'immensité de Dieu, & le temps auec son éternité, qui sont des choses réelles & increées, capables de contenir, & de faire durer toutes les creatures.

Ce qui fait que les Peripateticiens tiennent qu'il n'y a point d'espaces vuides, c'est qu'ils croient que le Lieu est vn accident, & vne Estre de la quantité, qui sont vne proprieté inseparable de la matiere ou des corps; & ceux-là qu'il n'y a que l'Estre estendu qui est la substance corporelle, & l'Estre qui pense, qui est la substance spirituelle. Ce qui est manifestement faux à celuy qui veut considerer qu'il y a encore deux Estres differens, qui sont le Lieu & le Temps qui ne se rapportent point à la substance ny aux accidens, ny aux esprits, ny aux corps, & qui ne sont pas dauantage substance & accident, que la substance & l'accident ne sont pas le Lieu & le Temps.

Si nos aduersaires disent que le Lieu est vn accident, parce qu'il peut estre & n'estre pas sans son suiet, à sçauoir sans la chose placée : Ie leur respondray que le Lieu estant immobile, il ne peut estre détaché de la chose placée qui s'en éloignera, mais comme la substance placée est receuë dans son lieu, & qu'elle en peut estre separée sans l'alteration du Lieu, il auroit plus de raison de dire que le Lieu seroit la substance de tous Estres positifs, dont il est le suiet; parce qu'il les reçoit. & qu'il les precede, & qu'il subsiste quand elles sont separées, & que dans la veritable opiuion il existe par luy mesme.

Il nous faut maintenant en venir au Lieu, apres auoir estably la doctrine precedente, & dire auec Epicure, que le Lieu n'est qu'vne espace spirituelle : Mais qu'il y a vn lieu vuide, qui est vne espace, ou vne dimension qui n'est remplie d'aucuns corps, comme seroit vne chambre dont Dieu auroit esloigné tout estre corporel; & vn lieu plein, qui est vne dimension spirituelle, remplie de quelques corps, comme est la mesme chambre remplie d'air. L'espace sans corps, est appellé simplement le vuide, & l'espace plein, est proprement le lieu des choses Physiques.

Epicure a bien donné de l'esclat à cette opinion du lieu : mais il n'est pas le premier qui l'a trouuée, puis que la pluspart des Philosophes ont entendu par le chaos les espaces vuides qui ont precedé le Monde, & dans lequel ses parties ont esté disposées. Platon en a parlé en ces termes. Si l'espace est vn Lieu, le corps n'est pas le lieu de l'ame ny la matiere de la forme, d'autant que l'espace est immateriel & immobile, ce qui ne conuient pas au corps ny à la matiere qui passe d'vn lieu à vn autre, Trismegiste dit que le Lieu est vne chose incorporelle, dans lequel toutes choses sont contenuës, mais que le Lieu en general, n'est autre chose que Dieu, en tant qu'il contient toutes les creatures.

Tous les Stoïciens ont voulu que le vuide fust vne espace sans corps, & le Lieu vne espace remplie de quelques corps : pensée conforme à Platon, qui a définy le Lieu vn interuale ou vn espace plein de corps. Galien & Philoponus Peripateticien ont la mesme opinion, quand ils attaquent la definition qu'Aristote à faite du vuide.

Conditiōs du Lieu.

Les conditions du Lieu font bien voir, qu'il est l'espace qu'vn corps occupe. Il doit estre immobile, afin de determiner le commencement & la fin du mouuement local, ce qui conuient à l'espace qui demeure tousiours fixe, nonobstant le changement des corps qui l'occupent, & c'est la seule chose qui comme Dieu est immobile. Le Lieu doit estre d'égale estenduë auec son suiet, ce qui conuient encore parfaitement à l'espace qui a ses trois dimensions, de longueur, largeur, & profondeur. Le Lieu doit estre present au corps qui l'occupe, & en doit estre distingué : or il n'y a rien de si present aux choses du monde que l'espace qu'elles occupent, & rien de plus different que ce qui les a precedé, & qu'elles ne peuuent entraisner auec elles, ny détruire par leur aneantissement. Ie puis dire mesme que cette opinion est si conforme au sens commun & au bon sens des simples paysans, qu'en ayant interrogé vn pour me deliurer de l'embaras où la doctrine d'Aristote m'auoit mis auant que i'en estudiasse d'autre, il me donna nettement la distinction que i'ay trouuée dans la Philosophie des anciens recueillie par Gassendi, & me dit auec son patois. *Ie renie dienne, le lieu est l'espace que i'occupe, & il n'y a point de Sorbonne qui sçache mieux cela que moy.* I'ay bien reconnu depuis qu'il estoit moins raisonnant, mais plus raisonnable sur ce suiet, que tous les Peripateticiens & les Cartesiens ensemble. Auparauant que ce docteur sans lettres m'eust instruit, i'auois tant de peine à deffendre la definition d'Aristote, qui a definy le Lieu la premiere superficie exterieure & immobile du corps qui nous enuironne, que i'estois confondu par la premiere obiection qu'on me faisoit sur cette obscure matiere.

I'auois remué toute la poussiere des Colleges, pour trouuer de quoy fixer le Lieu, que ie reconnoissois bien deuoir estre immobile, de peur qu'vne chose ne se remuast en gardant le mesme Lieu, comme vn homme en demeurant dans son habit; ou qu'vn corps ne changeast ne lieu sans se remuer, comme vn rocher qui seroit dans vne riuiere en changeroit perpetuellement par la succession des nouuelles surfaces de l'eau qui l'enuironneroit en coulant. I'auois eu recours au centre du monde, à ses poles, à mon Zenith, à mon Nadir : mais enfin voyant que tout le monde changeant de place, ie pouuois estre meu sans changer de substance, enfin par vn dernier effort i'auois eu recours aux parties eminentielles ou virtuelles de l'immensité de Dieu pour rendre le Lieu immobile : mais c'estoit en reuenir à nostre espace

qui

qui eſt immobile, de ſa nature, puis qu'il n'eſt pas different de l'immenſité Diuine.

Mais i'eſtois bien plus embaraſſé à expliquer comment vne ſurface exterieure qui n'a aucune profondeur, pouuoit contenir & placer vn corps qui a les trois dimenſions, afin que le lieu fuſt d'égale eſtenduë auec la choſe placée. I'ay pourtant reconnu depuis qu'Ariſtote n'auoit pas voulu definir proprement le Lieu; mais qu'il auoit ſeulement voulu deſigner la circonſcription & la determination du Lieu; ce qui eſt aſſez expliqué par la premiere ſurface du corps qui en euuironne vn autre, laquelle n'eſt immobile que par rapport à ſon lieu interne, qui eſt l'eſpace qu'elle occupe, & qui ſans cette explication ſeroit pluſtoſt le vaſe, ou l'eſtuy des corps enuironnez, que leur lieu.

Apres auoir prouué que le lieu eſt vn eſpace, on rend facilement raiſon de toutes les queſtions qu'on a couſtume de faire ſur ce ſuiet. On explique comment vne tour demeure dans vne meſme place, quoy que la ſurface de l'air qui l'entoure change perpetuellement: comment il ſe peut faire que le vin qui eſt emporté auec la bouteille, change de place, comme les choſes ſont plus ou moins eſloignées entre elles. Vn grand nombre de difficultez ſemblables ſont reſoluës par l'immobilité de cette eſpace, qui fait proprement le Lieu.

On fait encore connoiſtre comment le lieu eſt d'égale dimenſion auec le corps qu'il contient, en ſorte qu'il y eſt intimement preſent, chaque partie d'vn corps répondant à la dimenſion & à la partie de l'eſpace qu'il remplit; ce qui ne ſe peut dire de la ſurface exterieure, qui ne ſeroit le lieu que des dehors de la choſe placée.

Ce qui eſt plus conſiderable en cette opinion, c'eſt que l'eſpace nous fait conceuoir comme Dieu, les Anges, & toutes les choſes ſpirituelles occupent vn lieu, ce qui eſt impoſſible à conceuoir dans la Philoſophie ordinaire. Car nous conceuons bien que Dieu qui eſt immenſe eſt en tous lieux, en nous repreſentant des eſpaces infinis, où il eſt tres-preſent à cauſe de l'infinité & de la perfection de ſon Eſtre; nous diſons que les Anges & les ames ſont dans des lieux definis, en determinant & limitant certains eſpaces où nous les rendons preſens, comme en renfermant vn Ange dans toutes les parties de l'eſpace qui eſt contenu dans l'Egliſe de Noſtre-Dame de Paris, & n'eſtendant pas le lieu de l'ame plus que le corps humain où elle reſide, & pour les corps chacun à vn eſpace determiné, ou vn lieu conuenable à ſa grandeur.

Ie demanderois volontiers à ceux qui definiſſent le Lieu vne ſurface des corps qui enuironnent, comment ils peuuent conceuoir que Dieu eſt en quelque lieu, puiſque la Foy le faiſant immateriel & immenſe, aucune ſurface corporelle ne le peut enuironner: comment l'Ange qui eſt auſſi ſpirituel, & ſans eſtenduë comme vn point Mathematique, peut-il auoir vne ſurface enuironnante? Ils répondent que l'immenſité de Dieu eſt inconceuable, & que les Anges ne ſont pas dans vn lieu circonſcript, comme les corps, mais dans vn lieu definy & determiné à vne certaine espace; ce qui est reuenir à nostre principe, qui a tousiours cela par dessus eux, qu'il donne quelque idée de l'immensité de Dieu, par des espaces sans bornes que nous luy attribuons.

Supposons que Dieu produise vn nouueau Monde distant de celuy-cy, & qu'il enuoye des Anges qui sont ses ministres pour establir ses ordres, ces Anges hors du Monde, & dans le chemin pour y arriuer ne seront-ils nulle part. Ces mesmes Anges placés dans les espaces vltramondains seront en quelque lieu, & cependant cela ne se peut expliquer ny entendre, que par l'espace qu'ils occuperont, car on ne peut en cette supposition recourir à la surface du corps qui enuironne, puis que nous supposons ces Anges dans le Vuide.

Extensio molis pro corporibus.

Mais diront-ils, les choses spirituelles, comme Dieu, les Anges & les ames, n'ont pas d'estenduë, ny par consequent besoin d'espace pour y estre contenus. Ie distingue, ils n'ont pas d'estenduë corporelle ou de masse, *extensionem molis*, Ie l'auoüe: ils n'ont pas d'estenduë spirituelle, ou virtuelle *virtutis*, Ie le nie. Comme l'estenduë est la suite de l'Estre ou sa perfection, nous croyons auoir raison de donner à Dieu qui a la plenitude de l'Estre, vne estenduë infinie & immense, & parce que les choses spirituelles, sont plus parfaites que les corporelles, & la perfection est d'égale estenduë auec l'Estre: nous ne faisons aucune difficulté de dire que les choses spirituelles ont plus d'estenduë que les corporelles, qui sont plus bornées dans leur Estre, & qui par consequent ont moins d'estendue. Plus vne creature a d'Estre plus elle a d'estenduë, le plus & le moins n'estant establis que par l'estendüe de l'Estre dont elles sont les modifications.

Extensio virtutis pro spiritibus.

L'estendüe spirituelle est si propre à Dieu, aux Anges & aux Ames, que sans elle, on ne peut se representer l'immensité de Dieu, ny la sphere d'actiuité d'vn Ange ou des Ames raisonnables, qui n'agissent que dans des espaces determinés, à cause que leur puissance est limitée. Faire coexister vne chose à l'autre, & la rendre tres-presente à toutes les parties d'vn corps estendu, sans luy donner de l'estendüe, est vne chose inconceuable & impossible. C'est pourquoy ie conclus qu'il faut donner de necessité vne estendüe spirituelle à Dieu, pour le rendre present à toutes les parties du Monde, vne semblable estendüe à l'ame raisonnable, pour l'vnir immediatement à toutes les parties de son corps.

On peut dire que l'Ame raisonnable a plus d'estendüe spirituelle de sa nature, que le corps, que nous pouuons considerer comme sa prison, puis que l'Ame d'vn Nain peut remplir par son estendüe naturelle le corps d'vn Geant.

Si quelque scrupuleux vouloit accuser d'impieté l'opinion qui donne de l'estendüe aux choses spirituelles, on luy peut respondre que c'est vne pensée qui n'est pas nouuelle, puis que plusieurs Theologiens, & plusieurs Philosophes Chrestiens l'ont enseignée, & que tout le danger regarderoit vne estendüe corporelle: mais non pas vne spirituelle, qui peut sans aucun scrupule estre attribuée aux esprits.

Aristote est assez conforme à nostre sentiment, quand il soutient que le

Vuide, eſt vn lieu ou vne eſpace ſans corps. Mais ſes interpretes ſont fort en peine pour le deliurer de l'abſurdiré de ſon opinion, qui dit que le Monde n'eſt pas dans vn lieu, à cauſe qu'il n'eſt point contenu dans la ſurface exterieure d'vn corps qui l'enuironne pour le placer. Ils ſuent à groſſes goutes pour oſter cette tache de ſa doctrine, & ont recours à cent ſubterfuges pour ſe ſauuer. Les vns prennent le lieu du Monde par raport à ſon centre, les autres par raport à la ſurface concaue du ciel, d'autres le determinent par ſa ſuperficie conuexe qui en eſt comme la peau.

Vacuum eſt locus carës omni corpore

Il y a des Peripateticiens qui veulent que le Monde ſoit dans vn lieu comme vn oignon à l'eſgard de ſes parties, dont vne ſurface eſt compriſe dans les autres, depuis ſon centre iuſques à ſa circonference, de ſorte que toutes les parties internes du Monde auront vn Lieu hormis la ſuperieure, qui ſeruira de lieu & d'Eſtre à toutes les autres. Enfin c'eſt vne choſe admirable comme le Monde qui eſt le Lieu de tous les Eſtres corporels & ſenſibles, n'en a point, faute de la ſurface d'vn corps qui l'enuironne.

Ceux qui comme nous definiſſent le Lieu vne eſpace, ſont à couuert de ces obiections indiſſolubles en leur opinion. C'eſt pourquoy nous ſommes bien differens d'Ariſtote & des Carteſiens, qui ſuiuant leurs principes font le Monde égal au Lieu, mais nous l'eſtendons infiniment dauantage. Sur quoy Stobe nous rapporte que Thales eſtant interrogé, quelle eſtoit la choſe la plus grande du Monde, il reſpondit auec beaucoup de ſageſſe, que c'eſtoit le Lieu; puis que le Monde qui comprend toutes choſes, eſt luymeſme compris dans le Lieu.

Les Peripateticiens auroient bien de la peine à prouuer comme Dieu qui eſt leur premier moteur, n'eſt pas le lieu du Monde, puis qu'il eſt immenſe & eſtendu ſpirituellement au deſſus du dernier Ciel, ou du premier mobile, pour le tourner & donner le premier branſle au mouuement general de la nature, qui ſe fait dans Dieu comme dans ſon Lieu.

Les Interpretes d'Ariſtote apres s'eſtre renuerſé la ceruelle pour ſauuer ſa doctrine auoüent qu'il a refuté l'eſpace qu'on prend pour le Lieu, auec tant d'obſcurité, qu'il ſemble en cet endroit comme en pluſieurs autres matieres de Phyſique, auoir cherché à ſe ſauuer à la faueur de l'obſcurité.

Autant que nous le pouuons deuiner de ſa doctrine, il apporte deux raiſons pour combattre noſtre opinion: La premiere eſt, qu'il s'enſuiuroit ſi le lieu eſtoit vne eſpace ayant longueur, largeur & profondeur, qu'il y auroit penetration de ſon étenduë auec celle des corps, & que les parties du lieu ſe meſlant enſemble ſe diuiſeroient à l'infiny. Mais cela ne preſſe que ceux qui font le Lieu vne eſtenduë corporelle, & qui ſouſtiennent que les corps ſe diuiſent à l'infiny, ce qui eſt fort oppoſé à noſtre doctrine.

Cette meſme difficulté ſe retorque contre eux, & contre tous les Philoſophes, qui comme les Stoïciens diſent que le Lieu eſt vne choſe corporelle.

Sur quoy Plutarque leur obiecte, qu'ils mettent donc vn corps dans vn autre corps, en mettant les choſes naturelles dans vn lieu plein, raiſon qui preſſe aſſez les Carteſiens, qui tenant qu'il n'y a point de vuide, ne peuuent placer leurs corps que dans des lieux pleins. Le meſme Plutarque ſouſtient que tous ceux qui ſouſtiennent que le Lieu n'eſt pas vne eſpace vuide, vont contre le sens commun, qui ne peut conceuoir qu'vn corps puisse estre le lieu d'vn autre corps, ny vn plein receuoir par penetration vn autre plein.

Il n'y a pas plus d'inconuenient de faire compatir l'estenduë des corps auec l'estenduë incorporelle du lieu sans penetration, que d'accorder que Dieu & les Anges penetrent les corps, & que l'ame raisonnable penetre toutes les parties du corps humain.' Ce qui est si vray, qu'Aristote mesme confesse qu'vn corps cubique posé dans vn vuide en occuperoit autant qu'il a d'estenduë, & cela sans penetration.

L'espace occupe sans penetration toutes les parties du corps qu'il contient, comme la blancheur & la douceur du lait occupent toutes ses parties sans aucune penetration. Cette doctrine est conforme à l'opinion de Nemesius cy-deuant citée, qui nous apprend que le Lieu & la qualité sont des choses incorporelles. Elle est aussi confirmée par Alcinoüs, qui soustient par plusieurs raisons, que les qualitez ne sont pas corporelles, parce qu'elles ne sont pas des suiets, qu'elles sont dans les corps, qu'elles les penetrent, qu'elles sont contraires, & qu'il faut de necessiité si la matiere est sans qualitez, que les qualitez soient des choses spirituelles distinguées de la matiere. Mais nous reseruons à nous expliquer ailleurs là-dessus.

Ie conclus mesme qu'Aristote a esté persuadé que le lieu estoit incorporel, quand il a enseigné que plusieurs surfaces mises les vnes sur les autres, ne pourroient iamais former vn corps faute de profondeur.

La seconde obiection d'Aristote est, est qu'il s'ensuiuroit qu'vn lieu seroit dans vn autre lieu, s'il estoit vn espace. Mais cela est faux, en ce que l'espace est l'estenduë dans laquelle sont les choses corporelles, laquelle ne se diuise que par determination de l'esprit, ou par respect à la diuision du corps qu'elle contient. Car bien que l'espace soit vne estenduë, elle ne se peut diuiser, tant pour estre incorporelle & immobile, que pour estre à couuert du choc des Atomes qui la pourroient écarter, puis que l'espace vuide ne peut agir ny patir.

Ils repliquent que le lieu a le pouuoir de conseruer & d'attirer, comme le centre fait descendre les corps pesans, & le Ciel fait monter les choses legeres. Ie répons que cette difficulté n'est fondée que sur vne autre erreur, qui leur fait attribuer au Lieu, des actions qui ne conuiennent proprement qu'aux principes, aux causes, & à la fin, comme nous le montrerons en son temps.

Enfin ils disent que le lieu doit preceder le corps qu'il contient, ce qui est vray & s'entend parfaitemẽt bien de l'espace. Qu'il luy doit estre semblable, ce qui est encore mieux entendu de l'espace qui par ses dimensions répond à toutes les parties du corps, qu'il contient, & non pas de la surface, qui n'ayãt aucune profondeur ne peut estre égale au corps qu'elle renferme. Quant à ce qu'ils disent que le lieu doit estre plus noble que la chose placée, cela se peut dire de nostre espace qui est incorporelle, & qui n'est pas distinguée des parties eminentielles de l'immensité diuine: Mais cela est faux de la surface d'Aristote, qui ne peut estre si noble que le corps qu'elle renferme, comme la surface d'air qui enuironne vn homme ne sera iamais si noble que luy.

FIN.

LES ESSAIS OV DISSERTATIONS DV Sr DE LAVNAY SVR LA PHYSIQVE VNIVERSELLE DES PHLOSOPHES ANCIENS ET MODERNES.

LIVRE SECOND, DV LIEV, DV TEMPS, ET DV VVIDE.

DISSERTATION SECONDE, du Temps & de l'Eternité.

VOY que le Temps ſoit preſent par tout, & qu'il accompagne toutes nos actions; neantmoins il coule ſi vîte & ſi inſenſiblement, qu'il eſt tres-difficile de le bien connoiſtre, & preſque impoſſible d'en expliquer parfaitement la nature. Cette reflexion a donné lieu au grand S. Auguſtin de dire qu'à la verité il comprenoit bien ce que c'eſtoit que le Temps quand perſonne ne l'interrogeoit; mais que s'il en vouloit découurir la nature à quelqu'vn, alors ſes diſcours trahiſſoient ſa penſée, & le faiſoient tomber dans l'ignorance & dans la confuſion.

Ce n'eſt pas que les differences du Temps, qui ſont le paſſé, le preſent, & le futur, ne ſoient tres-claires & tres-intelligibles, & que ſes determinations en ſiecles, en années, en mois, en iours, & en heures ne ſoient connuës du vulgaire comme des Philoſophes : mais toute la difficulté, au rapport de Ciceron, eſt de definir le Temps en general, & de connoiſtre éuidemment l'eſſence de cet Eſtre ſucceſſif, qui marque & contient la durée de toutes choſes.

Apres le témoignage de ces grands hommes, ie ſuis perſuadé que ceux qui connoiſtront l'obſcurité du ſuiet dont il s'agit, ne trouueront pas eſtrange ſi ie ne m'explique pas ſi clairement que ſur des matieres plus ſenſibles & plus faciles à traiter.

Pour proceder auec ordre, & découurir plus nettement ma doctrine, qui est assez particuliere touchant le Temps; i'ay iugé à propos de faciliter l'imagination du Lecteur, en me seruant de l'estenduë sensible des corps pour découurir celle du Lieu, & du Temps qui est spirituelle, & de faire apres vne parfaite analogie du Temps auec le Lieu, afin que la dissertation precedente puisse donner de l'intelligence à celle-cy.

Prenons donc l'exemple des choses corporelles pour faire conceuoir les spirituelles, & disons, que tout ainsi que la Philosophie ordinaire reconnoist deux estendües corporelles & sensibles, qui sont deux especes de la quantité, dont l'vne est permanente qui est la grandeur des corps, l'autre successiue qui est leur mouuement; de mesme nous admettons deux estendües spirituelles, dont l'vne est permanente qui est le Lieu, l'autre est successiue qui est le Temps. Comme nous auons fait voir que le Lieu soit plein soit vuide, est vn espace infiny qui n'est pas different de l'immensité diuine, nous disons icy que le Temps, soit qu'il coexiste ou qu'il ne coexiste pas auec la durée des creatures, est vn espace ou vne durée infinie qui n'est pas differente de l'eternité diuine.

Pour arrester le Temps, qui est vn Estre fugitif, & le fixer en le rendant sensible à nostre imagination, prenons l'exemple d'vn fleuue, qui a toûjours seruy à le representer. Tout ainsi qu'vn fleuue contient des eaux qui se sont écoulées à nos yeux, des eaux qui coulent actuellement, & d'autres eaux qui suiuent & qui s'écouleront à leur tour; de mesme le Temps est composé du passé qui s'est écoulé, du present qui s'écoule, & du futur qui s'écoulera à son tour.

On le peut encore iustement comparer auec la flamme d'vne chandelle, dont plusieurs parties se sont desia éuanouïes, d'autres se destachent actuellement, pour faire place à d'autres parties de cette mesme flamme qui en bruslant s'écarteront à leur tour, afin de nous faire comprendre comment le Temps passé fait place au present, qui se laisse détruire par l'abord du futur lors qu'il en prend la place.

C'est la nature & la maniere d'estre des estendües successiues, que iamais leurs parties ne se peuuent rencontrer dans vn mesme temps, comme l'estendüe permanente de deux corps ne peut estre contenüe dans vn mesme lieu. C'est pourquoy l'experience nous fait voir que les siecles, les années, les mois, les iours & les heures s'entresuiuront sans s'entre-attraper iamais.

Si on nous obiecte que le Temps n'est rien à proprement parler que dans nostre imagination; puis que le Temps passé n'est plus, que le futur n'est pas encore, & que le present s'éuanoüit auant qu'on le puisse conceuoir & qu'on en puisse parler : Nous répondrons par l'instance de la flamme qui ne laisse pas d'auoir vne veritable existence, quoy que les premieres parties qui la composoient se soient destachées, que les parties de la flamme future ne soient pas encore allumées, & que celles qui bruslent se dissipent continuellement.

Les chicaneurs qui font de semblables obiections, tombent dans vn ridicule paralogifme, en voulant raifonner de l'induction des Eftres permanens aux Eftres fucceffifs, dont la nature eft tout-à-fait oppofée. Ces Ergoteurs de College font en cela auffi ignorans & auffi ftupides, que ceux qui voudroient mefurer l'eftendüe d'vne aulne par fon poids, ou le poids d'vn corps par fa longueur. Les Eftres fucceffifs ne feroient plus fucceffifs, fi à la façon des Eftres permanens, on vouloit que leurs differentes parties fe rencontraffent enfemble dans le Temps.

Les bons Logiciens qui fçauent donner des attributs conformes à la nature des Eftres, difent qu'on peut bien dire d'vn Eftre permanent, Il eft, Il eft, Il eft, à caufe que leurs parties font en mefme temps : mais en parlant des parties d'vn Eftre fucceffif, il faut neceffairement dire, Il a efté, il eft, il fera; parce que les Grammairiens n'ont point de mot fimple qui explique les trois differences du Temps, paffé, prefent, & futur.

Difons encore auec Poffidonius, que dans le bon fens le temps prefent ne doit pas eftre pris pour vn moment indiuifible; mais pour vn temps indiuifé & tres-court, qui eft reellement compofé du paffé & du futur. La raifon que la Philofophie en apporte eft, que dans la rigueur mathematique elle ne reconnoift pas de Temps reel qui foit prefent, c'eft à dire de durée indiuifible; à caufe qu'il eft de l'effence de tous les Eftres eftendus & fucceffifs, de fe diuifer, tout au moins dans l'efprit.

Afin de confirmer ce que nous auons dit du Lieu dans la Differtation precedente par ce que nous expliquerons du Temps dans celle-cy, & que la connoiffance de ces eftendües fpirituelles puiffe aider à s'entr'efclaircir & à fe fortifier reciproquement dans noftre efprit; il faut faire vne parfaite comparaifon du Lieu auec le Temps, afin que ces deux matieres ayent autant de liaifon dans l'entendement qu'elles en ont dans la nature.

Comme le Lieu en general eft vn efpace immenfe qui n'a point de bornes, le Temps en general eft vne durée eternelle qui n'a ny commẽcement ny fin.

Comme chaque moment de temps eft le mefme dans tous les lieux du monde, chaque lieu particulier eft le mefme dans tous les temps.

Comme le Lieu foit plein ou vuide, eft toufiours immobile; le Temps coule toufiours également, bien qu'il y ait des creatures ou qu'il n'y en ait pas pour mefurer ou ne pas mefurer leur durée, leur mouuement & leur repos.

Comme le Lieu ne peut eftre diuifé ny ébranlé, le Temps ne peut iamais eftre auancé ou retardé, ny aucunement arrefté. *Volat irreuocabile tempus.*

Comme Dieu a creé le Monde dans vn certain efpace de fon immenfité, il a fait coexifter le mefme Monde auec vne certaine partie de fon eternité. Comme le Monde a peu eftre creé dans vn autre efpace que celuy où il eft à prefent, il auroit auffi refpondu à vne autre partie de la durée eternelle de Dieu, fi Dieu l'auoit creé ou plus toft, ou plus tard.

Comme nous difons en parlant des differences du Lieu, par tout, ou quelque part; on dit en parlant du Temps, toufiours, & quelquefois : & comme il conuient aux creatures d'eftre quelque part à l'égard du Lieu, &

quelquefois à l'égard du Temps, il conuient à Dieu d'estre par tout, & tou-jours ; ce qui nous luy fait donner ces deux illustres attributs, d'immensité pour remplir tous les lieux, & d'eternité pour estre present à tous les temps.

Philon. Quiescentium locus intelligitur, tempus vero mobilium.

Comme le Lieu a trois dimensions permanentes pour contenir la longueur, la largeur, & la profondeur des corps, le Temps a les trois differences, du passé, du present & du futur pour marquer la succession des choses passageres, par exemple le mouuement des corps. Ce qui fait que comme l'on se sert d'vne longueur connüe pour en mesurer vne inconnüe, par exemple d'vne aulne pour mesurer vne piece de drap ; de mesme on se sert d'vn mouuement connu pour en mesurer vn inconnu, par exemple on mesure le mouuement du Temps par celuy d'vn orloge, & de la durée des heures pour mesurer les iours, & des iours pour mesurer les années.

Comme il n'y a aucun mouuement dans la nature si reglé & si connu que celuy du Soleil ; tous les hommes s'en seruent pour mesurer la durée inconnüe des autres creatures, & le prennent pour vn orloge vniuersel propre à determiner l'estendüe des temps, & de tous les autres mouuemens de la nature. Ce n'est pas que le cours du Soleil soit de l'essence du Temps, & qu'en auançant ou en retardant son mouuement, le Temps s'auance ou se retarde : c'est vne durée qui coule tousiours également & independemment des mesures qui la partagent. Car si l'on suppose que le Soleil fasse deux fois le tour du Ciel d'Orient en Occident, en redoublant son mouuement, les deux iours qu'il marquera par sa vitesse redoublée seront égaux à sa vitesse ordinaire.

Pour prouuer plus efficacement que la succession des parties du Temps est entierement independante du cours du Soleil, & de tout autre mouuement du Ciel qui sert à le distinguer, vn Philosophe Catholique n'a qu'à lire l'histoire de Iosüé, & il trouuera que le Soleil s'estant arresté par miracle afin d'éclairer le combat & la victoire de ce grand Capitaine contre les Amortheens, il ne laissa pas de se passer vn grand interualle de temps pendant ce combat, & mesme vn espace de temps si considerable, que l'Ecriture assure en termes exprés, qu'on n'auoit point encore veu, & qu'on ne verroit iamais vn iour aussi long que celuy-là. Ce qui ne peut estre bien expliqué qu'en mesurant la longueur de cette iournée par l'écoulement du temps qui se fit pendant le repos du Soleil.

Non fuisse vllum, neque antea neque postea tam longum diem.

Supposons encore que Dieu arreste le mouuement du Ciel ou de la Terre, comme il le peut, & qu'il conserue tout l'Vniuers dans vn profond repos, est-ce que les creatures n'auront pas vn temps & vne durée par leur continuation d'estre ? est ce qu'elles n'auront pas vne coexistence reelle auec certaine partie de l'eternité diuine ? est-ce que s'il ne se trouue pas des mouuemens celestes pour mesurer la durée des creatures, elles dureront moins en elles-mesmes ?

Ceux qui soûtiennent que le temps est la mesure du mouuement des Cieux, & que sans ce mouuement qui luy est essentiel il n'y a point de temps, sont aussi ignorans qu'vn Marchand qui se persuadroit qu'vne de ses pieces d'étoffe

toffe n'auroit point d'estendüe, s'il ne l'auoit point mesurée.

Mais quelqu'vn demandera comment on peut conceuoir du temps auant la creation du Monde, quand il n'y a point de creatures pour durer, ny de mouuemens celestes pour marquer les années, les iours & les heures, qui sont les parties essentielles du temps.

Mais ie luy répondray que si le Monde a pû estre creé mille ans plustost qu'il ne l'a esté, & qu'il puisse estre aneanty pendant mille ans, & reproduit en suite, qu'il se passe vne durée essentielle & independante des creatures, qui répond par son estendüe spirituelle, à la durée de mille de nos années marquées par le cours ordinaire du Soleil.

Ces temps-là ne sont pas plus imaginaires & moins reels, que celuy qui s'est passé pendant le combat de Iosüé, & il faut iuger de cette durée spirituelle qui n'est pas distinguée de l'eternité diuine, comme nous auons fait des espaces vuides, qui sont des Estres veritables & incorporels qui ne sont pas distingués de l'immensité de Dieu.

Pour donner vne plus parfaite intelligence de cette matiere, il faut remarquer deux choses tres-considerables dans le Temps; premierement sa determination, que les Philosophes Scolastiques appellent le temps externe, & les Logiciens d'vn mot barbare le Quand : secondement la durée essentielle des Estres que Dieu conserue, qu'ils nomment le lieu interne, & nous vne espace spirituelle & insensible, qui est vne partie eminentielle de l'eternité diuine, en tant qu'elle contient la durée des creatures.

Cette distinction supposée, nous disons que la durée des Estres est independante du mouuement du Ciel, & de celuy de tous les orloges qui seruent à la determiner & à nous la faire connoistre. Car soit que nous mesurions ou que nous ne mesurions pas la durée des Estres, ou leur temps interne, il ne laissera pas de s'écouler; & quand Dieu aneantiroit le Monde, la durée infinie de l'eternité diuine s'écoulera tousiours sans iamais finir, comme elle a coulé auant la creation du Monde sans auoir iamais commencé.

On doit seulement dire auec la plus grande partie des Philosophes anciens & modernes, que le temps externe, ou la determination du temps, depend du mouuement du Ciel ou de quelque autre corps, & de l'existence des creatures. Ce qui les a engagez à soustenir vnanimement que le temps n'étoit pas plus ancien que le Monde, & qu'il ne dureroit pas dauantage; d'où vient qu'il n'a esté reputé eternel que dans l'opinion de ceux qui admettoient l'eternité du Monde.

Pythagore dit chez Plutarque, que le temps estoit l'ame du Ciel. Platon dans son Timée nous le represente comme vne Image de l'eternité, & le fait couler auec ordre & mesure. Plotin fait dire à ce Philosophe, que l'eternité est l'ame du Monde considerée en elle mesme, & que le temps est cette mesme ame, en tant qu'elle reçoit de differens changemens. Platon soutient en suitte dans le mesme liure, que le mouuement de la terre est cause du temps, lors qu'il fait le iour & la nuit.

La plus celebre definition du Temps est celle qu'Aristote nous a donnée en ces termes : Le Temps est le nombre du mouuement, par les parties qui se precedent & se suiuent dans leur succession. Theophraste & Straton le Physicien reprennent ce Philosophe, parce qu'il a definy le Temps, qui est vne quantité continuë successiue, par le nombre qui est vne quantité separée & dependante de celuy qui conte. Cette definition ne peut conuenir au Temps qui n'est pas vn pur ouurage de l'esprit, mais la durée reelle & necessaire des creatures.

C'est pourquoy ses autres Interpretes luy font definir le Temps par la mesure du mouuement des corps celestes. Ce qui ne peut & ne doit pas estre expliqué du Temps, mais de sa determination. Car il s'ensuiuroit, s'il y auoit plusieurs mouuemens d'vn mesme Ciel ou plusieurs Mondes, qu'il y auroit plusieurs Temps, & que le Temps s'écouleroit vne fois plus viste, si Dieu redoubloit le mouuement du Ciel, & qu'il ne se seroit passé aucun temps pendant le combat de Iosüé, où le Soleil s'arresta. Ce que nous auons éuidemment combatu, en faisant voir qu'il n'y a qu'vne mesme durée de temps par tout, & que le temps s'écoule independemment de tous les orloges naturels & artificiels qui seruent à le mesurer.

Epicure dans son Epistre à Herodote rapportée par Lucrece, n'a pas esté plus heureux à découurir la nature du Temps que les Peripateticiens. Il dit qu'il suffit d'en connoistre les differences, & d'en sçauoir determiner la longueur & la brieueté. Il adiouste que c'est l'euenement des euenemens, puisque la volupté & la douleur, le mouuement & le repos, qui sont des euenemens, arriuent dans le temps, qui depend de la seule pensée de celuy qui le mesure & le distingue. Cela me fait croire qu'il en a parlé suiuant la pensée de son Maistre Democrite, qui l'a definy l'espace des iours & des nuits. Voyons ce qu'en dit Lucrece liu. 1.

Tempus item per se non est; sed rebus ab ipsis
Consequitur sensus, transactum quid sit in æuo,
Tum quæ res instet, quid porro deinde sequatur :
Nec per se quemquam tempus sentire fatendum est
Semotum ab rerum motu, placidâque quiete.

Comme nous auons fait voir que les choses ont leur durée independemment de l'esprit, & que le Temps est vn espace spirituel & reel qui a precedé le Monde; nous abandonnerons volontiers Epicure en faueur de la verité, ou bien nous dirons pour l'excuser aussi bien qu'Aristote, que ces Philosophes ne se sont expliqués que sur le Temps externe, qui est la determination de l'interne par le mouuement du Ciel, qui sert à mesurer la durée veritable des creatures.

Enfin apres auoir examiné l'opinion des anciens Philosophes touchant le Temps qu'ils ont si peu connu en general, voyons si Descartes qui ne pretend parler d'aucune chose sans la connoistre clairement, a esté plus subtil qu'eux pour en découurir la Nature, & l'expliquer demonstratiuement.

Voicy ce qu'il en dit en tres-peu de mots dans les articles 55. 56. & 57.

des principes de sa Philosophie, que ie raporteray en termes exprés auant que d'examiner sa doctrine, de peur que ses Sectateurs ne me reprochent, comme ils font souuent, de n'auoir pas leu Descartes quand ie luy refuse mon consentement, ou que i'entreprens de le refuter.

Nous conceuons, dit-il dans le premier des Articles susdits, aussi distinctement ce que c'est que la durée, l'ordre, & le nombre, si au lieu de mesler dans l'idée que nous en auons, ce qui appartient proprement à l'idée de la substance, nous pensons seulement que la durée de chaque chose est vn mode, ou vne façon dont nous considerons cette chose en tant qu'elle continue d'estre; & que pareillement l'ordre & le nombre ne different pas en effet des choses ordonnées & nombrées, mais qu'elles sont seulement des façons d'estre, sans lesquelles nous considerons diuersement les choses.

En l'Article 56. il continue en cette façon, lors que ie dis façon ou mode, ie n'entens rien que ce que ie nomme ailleurs attribut ou qualité. Et sur la fin du mesme article, il dit que ce qui se trouue tousiours dans les choses creées de mesme sorte, comme la durée & l'existence en la chose qui dure ou qui existe, est vn attribut & non pas vne qualité, ou vn mode.

Dans le 57. article il asseure que de ces attributs ou qualités il y en a qui sont dans les choses mesmes, & d'autres qui ne sont que dans nostre pensée. Ainsi le Temps que nous distinguons de la durée prise en general, & que nous disons estre le nombre du mouuement, n'est rien qu'vne certaine façon dont nous pensons à cette durée. Et sur la fin de l'article il conclut que le temps n'est rien hors de la veritable durée des choses qu'vne façon de penser, non plus que le nombre & les idées vniuerselles qui sont détachées des choses singulieres.

I'aperçois d'abord que toute cette mysterieuse Metaphysique ne nous parle pas plus clairement du Temps que la Philosophie des Colleges, laquelle les Cartesiens descrient si outrageusement. Il nous embarrasse dans tant de modifications, d'attributs & de qualitez, & les confond si fort en les voulant distinguer, qu'il n'y a point de Sophiste Ibernois qui ait inuenté tant de fausses subtilitez que nostre Philosophe demonstratif. Mais ie me trompe de luy reprocher l'inuention de ces modes, de ces qualitez, & de ces attributs, puis que ce sont des termes qu'il a apportez du College, aussi bien que la definition du Temps qu'il a empruntée par mégarde d'Aristote, & dont il s'est heureusement ressouuenu, quand il a dit auec ce Philosophe que le temps estoit la mesure du mouuement.

Toute sa doctrine consiste en deux points. Le premier est que la durée des Creatures en general est vne qualité, vn attribut, ou vne maniere d'estre qu'on ne peut separer des Creatures ou des substances dont elle est la qualité, l'attribut & le mode, non plus que le nombre & l'ordre qui ne peuuent estre separez des choses nombrées & ordonnées que par l'esprit qui conçoit l'vne de ces choses sans conceuoir l'autre.

Nous croyons auoir fait voir la fausseté de cette opinion quand nous auons prouué que le Temps en general auoit precedé les Creatures, & qu'il ne laisseroit pas de s'écouler independemment de leur existence, si Dieu les détruisoit vn iour. Nous auons encore refuté cette opinion en faisant voir que le Temps n'est autre chose que l'estenduë successiue & spirituelle de l'Eternité diuine qui n'est pas dépendante ny de l'esprit, ny des Estres qui s'y rapportent, puis qu'elle coule independemment de toutes choses.

Le second point est assez commun, qui est que le Temps n'est rien hors de la veritable durée des Estres, qu'vne façon de penser: Ce qui est vray, mais qui auroit esté mieux dit s'il auoit parlé de la Determination & de la Diuision du Temps qui seule dépend de l'esprit. Car si on prend le Temps comme il en a parlé dans la rigueur, en le faisant purement dépendre de l'esprit, il faudroit que l'imagination des Cartesiens fist le Temps, & partant ils auroient trouué vn grand secret de donner des dispenses d'âge à ceux qu'ils croiroient vieux, & de raieunir les Dames qu'ils conceueroient ieunes. Ce seroit vne fontaine de Iouuence bien plus commode & plus facile pour raieunir les hommes que leur Transfusion.

Quand ie considere le peu de doctrine de Descartes pour expliquer vne chose aussi difficile à s'échapper de nostre pensée qu'est le Temps, ie me persuade que ce grand genie a negligé d'employer ses Demonstrations ordinaires sur vne chose si labile, & si difficile à fixer dans son imagination, & à expliquer clairement dans ses écrits. Peut-estre aussi que son excellente methode de philosopher l'a empesché d'en traiter plus amplement, par la maxime qu'on ne doit parler que des matieres que l'on connoist euidemment, & que celle-là luy estant obscure, il l'a traité en passant seulement en peu de mots, pour dire qu'il en auoit parlé. Mais i'aime mieux croire pour l'honneur de ce sublime Genie & pour obliger ses Sectateurs, qu'il a penetré toutes choses, & qu'il a parfaitement connu la nature du temps aussi bien que S. Augustin : Mais que sa modestie l'a empesché de parler clairement, à son ordinaire, sur des matieres inexplicables par ce fameux Docteur de l'Eglise.

Peut-estre aussi que nous n'auons pas esté assez heureux de bien conceuoir l'idée qu'il auoit du Temps. Car si on croit ses Partisans, il n'y a que ceux qui ne conçoiuent pas bien la doctrine de ce Philosophe Mathematicien qui demonstre tout, qui puissent desapprouuer ses opinions. Ils pretendent que tous les Philosophes anciens, & particulierement Aristote, ne peuuent sauuer leurs sentimens & les defendre de leurs atteintes qu'à la faueur des tenebres, & en se couurant d'obscurité & de confusion. C'est leur nouueau Prophete qui a desuoilé la verité, & qui a exposé aux yeux de tout le monde tous les secrets de la nature. On est, disent ils, Heretique & ennemy du bon sens si on se sert d'autres principes de Philosophie que des leurs, & que l'on suiue vne autre methode de philosopher, que cinq ou six reflexions que Descartes nous a données en passant, & presque sans y songer.

Pour reprendre nostre matiere du Temps, si ie me plains de ce que Descartes n'en a pas traité aussi clairement & aussi profondement qu'on le pouuoit desirer pour terminer mille importantes Questions que l'Ecole mesme propose sur le Temps & sur l'Eternité; les Cartesiens me répondront qu'il en a assez dit, en disant que le Temps est vn mode, vne qualité & vn attribut, & qu'il n'est rien hors la veritable durée des choses, qu'vne façon de penser; que de ce beau principe vn bon Philosophe doit conclure demonstratiuement la resolution de toutes les Questions possibles. Descartes a eu l'idée claire du Temps, comme d'vn mode, & c'est tout dire pour prouuer qu'il a parlé demonstratiuement du Temps. Ie supplie icy le Lecteur, & tous les Cartesiens qui sont sans preiugez en faueur de leur Maistre, de me dire s'ils sont satisfaits & assez sçauants sur la matiere du Temps.

Ie n'en veux pas dire dauantage, de peur de perdre vn temps que ie dois employer à trauailler pour l'Eternité, & de peur qu'on ne me reproche d'auoir entrepris inutilement de blanchir vn Ethiopien en ramenant les Cartesiens à la modestie & à la raison.

Il y a vne si grande liaison entre le Temps & l'Eternité suiuant nostre opinion, qu'il est necessaire d'en établir icy la difference, afin que l'on ne nous puisse reprocher de confondre la durée des Creatures auec celle de Dieu, & que nous puissions distinguer clairement le Temps que Platon appelle vne Image de l'Eternité, de la mesme Eternité qui en est le prototipe.

Nous dirons donc que la durée spirituelle & successiue des Estres est comme vn genre à l'égard de l'Eternité de Dieu, de la perpetuité des choses incorruptibles, & du temps des Creatures corporelles & suiettes au changement: Mais auec cette difference, que l'Eternité est vne durée qui n'a ny commencement ny fin, que la perpetuité ou l'*Æuum* des Latins est vne durée qui a commencé, mais qui ne finira iamais; & que le Temps est vne durée qui a vn commencement & vne fin.

L'Eternité conuient à Dieu qui est vne substance immuable, & incapable de receuoir du changement dans la succession eternelle & incomprehensible de tous les Temps qui ont precedé sans iamais commencer, & qui suiuront sans iamais finir.

La Perpetuité que les Philosophes Barbares appellent *Æternitatem à parte post*, c'est à dire l'Eternité future, & qu'ils opposent faussement à vne Eternité passée, *à parte ante*, conuient aux substances spirituelles creées, comme aux Anges, à l'Ame raisonnable, & à tous les Estres corporels que Dieu a creez dans vn Temps qui a commencé, mais qui ne finira iamais, puis qu'elles dureront autant que Dieu qui les conserue, sera Dieu.

Le Temps conuient proprement à toutes les choses perissables qui ont vn commencement & vne fin, comme aux choses viuantes qui naissent & qui meurent suiuant l'ordre de la Nature.

Nous ne mettons point d'autre difference entre le Temps & l'Eterni-

Tempus eſt pars quædam æternitatis, cum alicuius annui, menſtrui, diurni, nocturniue ſpatii certa ſignificatione. Cic. 99. Acad.

te, ſuiuant la penſée de Ciceron, ſinon que le Temps eſt vne partie eminentielle de l'Eternité, à laquelle répond la durée ou la continuation d'Eſtre des Creatures, & que nous diſtinguons comme il nous plaiſt, mais le plus ſouuent par la determination des Mouuemens celeſtes, qui ſont des Orloges certains & connus de tout le monde.

Toute la difficulté qui ſe peut rencontrer ſur ce ſuiet, vient de la doctrine de Platon, d'Ariſtote, & des Saints Peres qui ont raiſonné en Theologie ſuiuant les meſmes principes. Ils enſeignent que le Temps eſt vne durée ſucceſſiue qui conuient ſeulement aux choſes ſuiettes au changement, & que l'Eternité eſt vn inſtant fixe & indiuiſible de la durée de Dieu qui n'a aucune ſucceſſion. C'eſt pourquoy ils definiſſent l'Eternité diuine, vne durée qui eſt ſans parties, vn inſtant touſiours preſent qui n'a ny paſſé ny futur, vne vie ſans bornes & ſans parties ſucceſſiues qui ſe puiſſent écouler.

Duratio tota ſimul S. Th. vita interminata & tota ſimul Ariſt. & Plato. interminabilis vitæ tota ſimul & perfecta poſſeſſio. Boet. totum ſimul ſucceſſione aut fluxu carens vitæ interminatæ poſſeſſio, &c.

La réponſe eſt tres facile, ſi nous conſiderons que Platon, Boëce, S. Thomas, & tous ceux qui ont definy l'Eternité vn inſtant de durée, ou pour parler plus exactement, vne vie ſans ſucceſſion, ont pris l'Eternité ou la vie de Dieu pour ſa ſubſtance eternelle, dans laquelle il n'y a aucune ſucceſſion ny aucun changement; puis qu'il poſſede de toute eternité ſes diuines perfections, ſans pouuoir rien acquerir, & qu'il les poſſedera touſiours ſans pouuoir rien perdre, à cauſe de ſon immutabilité.

Cette erreur vient de ce que Platon a creu que Dieu eſtoit l'Ame du monde, laquelle n'eſtoit pas ſuiette à la generation & à la corruption comm les Creatures corporelles, mais dont l'eſſence & l'exiſtence eſtoit tellement neceſſaire & fixe, qu'on ne pouuoit pas dire que Dieu fuſt ieune ou vieux, ou qu'il ne fuſt plus ce qu'il auoit eſté, ou qu'il ne fuſt pas encore ce qu'il ſeroit dans la ſucceſſion des Temps. C'eſt delà que les Theologiens ont aſſuré qu'il ne faloit pas dire de Dieu, Il a eſté, ny il ſera; mais il eſt: ce qui eſt vray en ce ſens, que Dieu n'a pas eſté comme la Ville de Troye qui n'eſt plus, ny qu'il ne ſera pas comme l'Antechriſt qui n'eſt pas encore & qui n'a iamais eſté. On doit donc dire de Dieu qu'il eſt, parce qu'il eſt touſiours le meſme, & qu'il a touſiours eu, & qu'il aura touſiours toutes les diuines perfections qu'il poſſede, ſans rien acquerir de nouueau dans les temps futurs, & ſans auoir rien perdu dans tous les temps paſſez; de ſorte qu'il poſſede dans l'inſtant preſent tout ce qu'il peut poſſeder dans l'Eternité.

Si ces grands hommes ont pris vn autre genre que la durée ſucceſſiue de Dieu ſans commencement & ſans fin, pour ſignifier ſon eternité, c'eſtoit pour nous marquer que ſon eſſence & non point ſa durée eſtoit immuable & ſans ſucceſſion, & pour nous faire connoiſtre que Dieu poſſede neceſſairement & inuariablement toutes ſes diuines perfections.

Mutabis eos & mutabuntur, tu autem

C'eſt ce que l'Eſcriture eſtablit en diſant que les Creatures ſont periſſables & paſſageres, & que Dieu les change dans le temps: Mais qu'il eſt vn Eſtre immuable & inalterable, dont les années n'ont iamais commencé &

ne s'acheueront iamais. Ce n'est pas le temps qui corrompt les choses naturelles, c'est seulement vne durée qui en mesure l'existence, & il n'y a que les agens contraires qui détruisent ce qui perit par le temps. Quoy que le temps passe pour vn glouton qui ronge & qui mine toutes les choses corruptibles, il n'a pourtant iamais rien deuoré ny ruïné que metaphoriquement, & la faux que cet impitoyable vieillard tient en sa main, n'a iamais eu de trenchant que dans l'imagination des Poëtes.

Idem ipse es, & anni tui non deficient.

Tempus edax rerum.

Mais reuenons aux veritez Physiques, & disons qu'il est fort libre de quitter l'opinion Platonicienne qui nous veut faire conceuoir le Temps comme vne durée d'vn instant; ce qui est contradictoire & absurde, en ce que la durée & l'instant sont deux termes contradictoires; parce que l'instant present exclut la succession qui est establie par la durée eternelle de Dieu. Car ie vous prie qui est le Platonicien ou le Peripateticien assez intelligent & assez subtil pour conceuoir qu'vn instant present puisse sans succession & sans écoulement répondre à l'estenduë reelle & successiue du Temps des Creatures. Il est à la verité tres-facile de conceuoir que la substance de Dieu immuable & inalterable, est indiuisible, sans succession & sans parties; mais que le Temps dans lequel elle a continué & continuera tousiours d'estre, renferme plusieurs instans, qui suiuant nostre maniere de conceuoir, s'écoulent & se succedent les vns aux autres: Il est de l'essence de Dieu & non pas de son Eternité, à l'égard de la vicissitude & du flux continuel des Temps, comme d'vn centre qui demeure immuable dans le mouuement de sa circonference, ou comme d'vn rocher qui demeure ferme dans le cours d'vn fleuue qui passe sans l'esbranler.

Tempus est duratio tota simul.

Tout ainsi qu'il est impossible de conceuoir qu'vn point qui n'a aucune estendüe, puisse correspondre à toutes les parties d'vne ligne, d'vne surface, ou d'vn corps Mathematique, qui sont des dimensions qui renferment de l'estendüe que le point exclud; de mesme ie ne peux m'imaginer qu'vn instant ou vn moment qui est sans succession, puisse répondre par sa vertu à tous les siecles passez & futurs de la durée successiue des Temps. Ce qui me fait conclure que l'Eternité a vne durée spirituelle & successiue qui répond au Temps des Creatures, comme l'estendüe spirituelle de son immensité répond à leur estendüe corporelle qui est leur lieu, & que les Creatures occupent par leur durée successiue vne partie virtuelle de l'Eternité, comme les corps occupent par leur estendüe corporelle vne partie de son immensité.

Au fonds pourquoy ne dirons-nous pas qu'il y a dans l'Eternité de Dieu du passé, du present & du futur; puis que l'Escriture qui est la regle infaillible de nostre Foy, nous apprend que Dieu a creé le Ciel & la Terre, & qu'il nous a rachetez; qu'il nous conserue, & qu'il nous distribüe ses graces pour meriter le Ciel; & qu'enfin il nous ressuscitera pour nous iuger & nous donner son Paradis ou son Enfer. S. Iean dans son Apocalipse parle de Iesus Christ en ces termes: Celuy qui est, qui a esté, & qui viendra vn iour, &c. Et le mesme Euangeliste nous represente l'Eternité du Verbe diuin par ces termes : Le Verbe estoit au commencement du monde, & le Verbe estoit Dieu.

Ego sum qui sum, qui est misit me ad vos.

Ero qui ero.

Qu'on ne m'obiecte donc pas ce passage de l'Exode: Ie suis celuy qui suis, par où les Peres pretendent prouuer qu'il n'y a que du present dans l'existence & l'eternité de Dieu; car les paroles suiuantes y répondent par le passé, en disant : Celuy qui est m'a enuoyé à vous, outre que le texte Hebreu signifie ; Ie seray celuy qui sera. Ainsi Dieu énonce en cent mille endroits de l'Escriture ce qu'il a fait, ce qu'il fait, & ce qu'il fera.

Si on me demande comment toutes choses seront presentes à Dieu s'il a vn temps passé & vn temps futur dans son Eternité ; Ie répons que cela s'explique facilement en conceuant que l'intelligence infinie de Dieu est presente à la diuersité de tous les temps, comme le centre du cercle est present & a du rapport à toutes les differentes parties de sa circonference, bien qu'elle soit en mouuement. Adioutez que la sagesse infinie de Dieu ne peut oublier le passé ny ignorer l'auenir, ce qui donne lieu de dire que toutes choses sont presentes à Dieu, de la mesme façon que les actions passées nous demeurent presentes quand nous ne les auons pas oubliées, ou qu'elles nous deuiennent presentes auant qu'elles arriuent, quand nous auons eu la prudence de les preuoir.

Enfin on pourra opposer plusieurs Saints Peres, qui enseignent que le Temps a commencé auec le monde, quoy que l'Eternité l'ait precedé, comme S. Augustin, S. Gregoire de Nazianze, S. Damascene, Boece, & plusieurs autres: Mais ie leur opposeray pour mon party S. Ambroise, S. Basile, S. Hierosme, & plusieurs autres, qui ont enseigné que le Temps estoit plus ancien que le monde, & qu'il s'est passé des siecles infinis auant qu'il ait esté creé, & que le monde auroit pu estre produit beaucoup de temps auparauant, si Dieu l'auoit voulu ; & que si Dieu détruisoit le monde, il ne détruiroit que la durée successiue de son Eternité qui est independante du temps des Creatures, qui n'en est qu'vne partie. Au reste les Peres qui ont eu vn sentiment contraire, ont pris cette doctrine de Platon & d'Aristote qui ne sont pas des Philosophes infaillibles, non plus que les Poetes qui les ont suiuis. Ce qui par consequent ne sera pas capable de nous faire changer de sentiment si l'Eglise n'y trouue à redire, auquel cas nous ferons gloire de changer nostre opinion pour en embrasser aueuglement les decisions.

FIN.

A PARIS,
DE L'IMPRIMERIE DE IEAN CVSSON,

LES ESSAIS OV DISSERTATIONS DV Sr DE LAVNAY SVR LA PHYSIQVE VNIVERSELLE DES PHILOSOPHES ANCIENS ET MODERNES.

LIVRE SECOND, DV LIEV, DV TEMPS, ET DV VVIDE.

DISSERTATION TROISIESME, Du Vuide exterieur, & de celuy qui est parsemé dans le Monde.

E Lieu & le Vuide ont vne si grande liaison ensemble, ou pour mieux dire sont deux choses si peu differentes, que l'explication de l'vne suit necessairement celle de l'autre, afin qu'elles soient aussi bien liées dans l'esprit qu'elles le sont dans la nature.

Le Vuide est vn espace qui ne contient aucun corps : par exemple vne Salle seroit vuide si Dieu auoit détruit tous les corps qui s'y rencontrent, ou s'il les auoit écartez de telle sorte que d'autres ne succedassent point en leur place.

Les proprietez du Vuide qui sont opposées à celles des corps, sont d'estre spirituel en sa maniere, par consequent impalpable, penetrable, sans action ny passion, sans figure, sans mouuement, & generalement sans toutes les qualitez qui conuiennent aux corps horsmis l'estendüe, qui est le genre du lieu plein & du lieu vuide, lesquels Lucrece distingue par ces Vers,

Tactus corporibus cunctis, intactus Inani.

Le Vuide se diuise en trois especes. Le premier est le Vuide exterieur, qui est separé du Monde & qui n'est enuironné d'aucun corps, mais qui enferme toute la nature; tels sont les espaces infinis, que nous appellons ordinairement imaginaires. Le second Vuide est l'interieur qui est contenu dans les corps qui le bornent, & qui se diuise en de petits espaces vuides qui sont insensibles, & parsemez parmy les corps physiques, dans les endroits où les Atomes ne se peuuent toucher ny s'aiuster. Le dernier est vn Vuide composé de plusieurs petites parcelles de ce vuide dispersé dans les corps, tel qu'est le vuide qu'on a trouué par les dernieres experiences dans les tuyaux de verre quand le vif argent est descendu, & tel seroit le Vuide que Dieu proiduiroit dans vn lieu qu'il priueroit de tout corps.

La distinction de ces trois sortes de Vuide supposée, c'est vne matiere de Physique tres-importante de sçauoir s'il y en a ou s'il n'y en a point dans la Nature, & si mesme il est impossible à Dieu: Car de ce principe dependra la resolution des plus belles questions naturelles, & la pratique de plusieurs experiences tres-vtiles aux hommes.

Auant que d'en venir aux preuues d'vn Vuide naturel hors du monde, & parmy les corps, & à l'examen des experiences modernes qui sont les veritables maistres qu'on doit suiure pour l'establir solidement; il est bon de découurir ce que les Philosophes Historiques de l'Ecole qui ont appris la Philosophie naturelle, comme vne histoire de ce qu'a dit Aristote, ou vn autre Autheur, auancent touchant l'horreur du Vuide, dont ils ont fait vne cause imaginaire de plusieurs effets naturels qu'ils ne peuuent expliquer sans cette mysterieuse horreur du Vuide, où ils recourent si souuent.

C'est vne croyance vniuerselle de tous les Peripateticiens, que la Nature est si iolouse de la continuité de ses parties qu'elle a vne horreur ou vne crainte du Vuide si grande, qu'elle fait le dernier effort pour s'en garantir. Ils soustiennent sur ce faux principe de l'horreur du Vuide que la Terre monteroit plustost naturellement iusqu'au Ciel, & que le Ciel & les Astres descendroient plustost iusqu'aux abysmes de la Terre, que de souffrir la moindre desunion de ses corps par le moyen du Vuide.

Il n'est pas difficile de faire voir que la Nature n'a point d'horreur, de crainte ou d'auersion du Vuide, puis que le monde dont il s'agit n'est pas animé ny capable de passion. Ce qui me fait iuger que les Philosophes metaphoriques parlent en Orateurs, & que par l'horreur du Vuide ils veulent seulement dire que la Nature fait les mesmes efforts pour empécher le Vuide, que fait vn animal pour euiter la solution des parties de son corps par les playes dont il a de l'horreur.

Si nous apportons cy-apres des preuues conuaincantes du Vuide, & que nous rendions raison des effets qui luy sont attribuez, il s'ensuiura qu'elle ne l'abhorre point. Car pour nous seruir de leur comparaison, comme l'on dit qu'vne chose est indifferente à vn homme quand il ne fait aucune action ny pour s'en approcher, ny pour s'en éloigner; on pourra dire que la Nature a vne extrême indifference pour le Vuide, puis qu'il est certain qu'elle ne fait aucun effort ny pour le rechercher, ny pour l'euiter.

On ne peut dire que le Vuide exterieur nuise à la Nature dont il est separé, & le Vuide parsemé n'en est pas plus ennemy que sont les pores qui sont dans le corps de l'homme. Que s'il se fait vn Vuide composé par l'écartement des corps contenus dans vn espace sensible, comme dans vn tuyau ou dans vne salle, cette ouuerture n'est pas plus dangereuse à l'égard de la machine du monde que lors qu'il s'ouure des pores dans nostre corps capables de donner passage à des gouttes de sueur.

Aristote n'est pas le seul qui a nié le Vuide ; Tales, Platon, & plusieurs grands Philosophes ne l'ont pas moins reietté. Melissus, Zenon Eleates, & quelques autres en ont esté si grands ennemis, qu'estant persuadez que le mouuement local le supposoit, ils ont mieux aimé nier celuy-cy que d'admettre l'autre. Descartes a passé plus loin, soustenant que le Vuide estoit vne chose impossible à la nature & à Dieu; parce qu'il est inconceuable à tous ceux qui supposent ses principes.

Entre les Philosophes qui l'ont deffendu, les vns ont seulement receu le vuide exterieur, comme les Stoiciens & Xuthus, qui vouloit que tout l'Vniuers boüillonnast lors qu'vn corps se rarefioit, parce qu'il soûleuoit successiuement tout ce qu'il rencontroit de matieres iusqu'à la superficie du Monde. Il se seruoit de la comparaison d'vn chaudron d'eau boüillante, dont les boüillons poussez par l'actiuité du feu, s'esleuent du fond iusqu'à la superficie exterieure où elles ont la liberté de se resoudre. Straton est le premier des anciens Philosophes qui a receu vn Vuide parsemé entre les corps ; mais il n'osoit le faire venir d'vn Vuide exterieur qui fust hors du monde, de peur qu'il n'arriuast ce que Themistius obiecte à Crisype, lors qu'il luy prouue que le Monde libre & flotant dans ces espaces vuides s'enuoleroit du lieu là où il est, qu'il s'égareroit en se promenãt dans de si grands espaces vuides, & qu'il ne pourroit iamais reprendre la place d'où il seroit party, ny s'arrester dans vn lieu certain pour s'y fixer, & y mettre toutes choses en repos.

Les Pythagoriciens ont admis du Vuide parmy les corps pour leur donner quelque liberté, & les disposer en sorte que ce grand animal appellé le Monde, aspirast & respirast par ces petits conduits vuides de toute sorte de matiere solide. Apres les Pythagoriciens, & particulierement Ecphantus, qui n'a pas seulement admis le Vuide, mais encore les Atomes, il y a vn si grand nombre de grands Physiciens qui ont estably le Vuide, tant dans les corps que hors les corps, qu'il est impossible de les citer tous. Cependant parmy les defenseurs du Vuide, Leucipe, Democrite, Metrodore Chius, le sçauant Epicure, & le Medecin Asclepiades ont si bien prouué l'existence des Atomes & du Vuide, qu'ils en ont fait les fondemens d'vne excellente Physique.

Afin de suiure quelque ordre, ie parleray premierement du Vuide exterieur & separé du monde que nous deffendrons autrement que les Pythagoriciens & les Stoïciens, puis que ceux-cy le limitoient, & ne le remplissoient d'aucun corps, & que les autres qui l'ont estendu à l'infiny pour le remplir d'vne infinité de Mondes composez de l'assemblage de leurs Atomes, & de plusieurs autres Atomes voltigeans dans les intermondes, comme nous voyons voltiger aux rayons du Soleil plusieurs petits corps dans vne Chambre.

Comme nous auons desia refuté, & que nous refuterons ailleurs à fond l'erreur des anciens Philosophes touchant l'infinité des Mondes & des Atomes, nous n'en dirons rien icy. Nous remarquerons seulement qu'Epicure prouue que les espaces vltramondains sont infinis, parce qu'ils n'ont aucune chose qui les borne. Escoutons Lucrece là-dessus.

Omne quod est igitur, nulla ratione viarum
Finitum est, namque extremum debebat habere.

Si on répond à Epicure que le Monde peut estre finy interieurement par luy-mesme sans auoir égard à vn corps exterieur qui le borne, Lucrece replique que le Monde peut estre finy par soy-mesme; mais que les espaces qui l'enuironneront seront tousiours estendus à l'infiny, d'autant que si quelqu'vn estoit arriué à l'extremité de ce monde, il pourroit sans fin trouuer des espaces immenses : Par exemple celuy qui seroit paruenu aux extremitez du monde ou de ces espaces, pourroit tousiours lancer vn trait fort loin sans qu'il reiaillist sur luy, à cause qu'il ne trouueroit aucune resistance. & partant le monde ny ses espaces ne sont pas bornez si on en croit ces Vers de Lucrece.

Præterea si iam finitum constituatur
Omne quod est spatium, si quis procurrat ad oras
Vltimus extremas, iaciatque volatile telum,
Inualidis vtrum contortis viribus ire
Quò fuerit missum, longèque volare.

Epicure adiouste dans Lucrece que si l'Vniuers estoit finy, & qu'il eust vn centre auquel tous les corps se portassent, qu'il s'y seroient tellement ramassez & condensez que la Nature seroit demeurée sans mouuement, & qu'elle n'engendreroit plus rien, à cause que les Atomes seroient si bien liez qu'ils ne pourroient sans l'aide du Vuide intercepté, ny estre meus ensemble, ny s'écarter.

Enfin Epicure conclud faussement qu'il faut qu'il y ait des Atomes infinis pour se rencontrer dans vn lieu immense, & vn lieu immense pour loger des corps infinis en nombre ; ce qui sera refuté comme il a desia esté cy-dessus, en faisant voir que les Atomes ne peuuent estre infinis en nombre s'ils n'excluent le Vuide.

Quand Epicure, Democrite, Leucipe disent que les Atomes, les Mondes, les espaces de l'Vniuers sont infinis ; ils ne veulent pas que les Atomes ou les Mondes remplissent absolument les espaces vuides ; mais ils veulent des intermondes & des espaces pleins & vuides qui succedent les vns aux autres, sans y trouuer ny de commencement, ny de milieu, ny de fin.

C'est ainsi que les Epicuriens ont admis les espaces vuides infinis hors du monde: mais l'opinion des Stoiciens qui ne reconnoissoiẽt qu'vn Monde borné & finy qu'ils plaçoient dans des espaces imaginaires infinis, est bien plus probable, & plus conforme au Christianisme. Ce qu'il y a de plus ridicule dans leur opinion c'est qu'ils ont voulu que ces espaces vltramondains fussent des corps mobiles comme l'air, qui seruissent à la respiration du Monde dont ils faisoient vn Animal.

Prenons

Prenons ce qu'il y a de bon dans l'opinion des Anciens, & faisons voir qu'il y a reellement des espaces vuides hors du monde, communement appellés imaginaires, non pas qu'ils ne soient quelque chose de reel; mais parce qu'ils sont imaginez estendus comme des corps, & non pas faussement representez comme des chimeres ou telles autres fictions. Ces espaces sont veritables & independans de l'esprit qui les conçoit, & ont vne existence reelle à leur maniere, ainsi que nous l'auons fait voir dans le Chapitre precedent.

Les preuues du Vuide exterieur.

Sans repeter les deux raisons d'Architas & de Lucrece pour establir des espaces vuides hors du monde, tant pour y faire lancer vn iauelot, ou y mouuoir le bras, que pour en faire descendre le vuide qu'il faut parsemer parmy les corps pour les mettre en mouuement: Ie diray auec S. Augustin qu'il faut reconnoistre des espaces reels hors du monde, dans lesquels Dieu qui est tout puissant, peut creer des mondes innombrables, ou augmenter celuy-cy tant qu'il luy plaira. Car si l'esprit humain ne peut conceuoir que Dieu puisse agir dans vn lieu sans y estre, ny creer vn monde sans auoir vn lieu où il le loge; il faut de necessité accorder des espaces hors du monde où Dieu en puisse creer plusieurs autres, & comme le Lieu en bonne Philosophie est distingué du corps qu'il contient, il faut admettre des espaces vltramondains pour placer tous les mondes que Dieu y peut produire.

En second lieu on ne peut oster à la Toute-puissance Diuine, sans blaspheme, le pouuoir de produire trois mondes égaux & contigus les vns aux autres, & d'aneantir celuy du milieu, en rendant les deux des extremitez immobiles. Cela supposé il faut conclure que ces deux mondes esloignez l'vn de l'autre d'vn diametre entier auront vne reelle distance par l'espace où estoit le Monde aneanty. Car de réponlre auec l'absurdité ordinaire des Cartesiens, que ces deux Mondes deuiendront contigus, & se toucheront par la destruction de celuy qui estoit interposé, c'est se contredire manifestement, en asseurant que deux Mondes immobiles peuuent auoir de la distance & n'en pas auoir, sans changer de place. De plus si Dieu veut reproduire ce Monde au milieu des autres, il produit donc vn corps d'vne estenduë prodigieuse entre deux autres corps qui se touchoient auparauant, sans les escarter, ce qui ne paroist pas moins absurde.

Si l'Axiome pretendu des Cartesiens est vray que deux corps se touchent, entre lesquels il n'y a rien, il s'ensuiuroit que deux Mondes parfaitement ronds qui ne se deuroient toucher que dans vn point, se toucheroient dans la moitié de leurs superficies conuexes, de la mesme maniere que si elles estoient plates: Car entre tous les points dont on pourra tirer des lignes droites, par exemple entre leurs deux Poles il ne s'y rencontreroit aucun corps qui peust establir aucune distance. D'où vient que si nous supposons vn assemblage de plusieurs Mondes spheriques, ils seront assez ridicules de dire qu'il n'y aura aucun Vuide entr'eux, & qu'ils se toucheront dans toutes leurs parties, comme si c'estoient des cubes ou d'autres corps angulaires. Ce qui me semble si contraire au bon sens & aux demonstrations Mathematiques, que i'ay bien plus de raison d'admettre des espaces vuides pour expliquer tout le systeme du Monde, & me deffendre de ces absurditez ordinaires où ils s'engagent.

Plusieurs grands Theologiens soustiennent auec S. Augustin qu'il n'y a point d'autres moyens de conceuoir l'immensité de Dieu, que parce qu'il y a des espaces infinis hors du Monde, dans lesquels il est estendu par vne presence incorporelle, & dans lesquels il peut agir comme il luy plaira, & y produire des Mondes comme il y a desia produit celuy-cy. Car si on renferme Dieu dans ce Monde-cy qui est borné & finy, comment pourra-t-on conceuoir son immensité qui n'est representée à l'homme que par l'estendüe des corps, ausquels il est tres-estroitement vny.

Si la substance infinie de Dieu estoit renfermée dans le Monde il faudroit la conceuoir aussi bien bornée que celle des Anges & des Ames raisonnables, d'autant que celle-cy ne se conçoit finie que parce qu'elle est presente à toutes les parties du corps humain, & qu'elle ne s'estend pas hors de luy. Vn impie pourroit se seruir de la mesme raison & dire, Dieu à la verité est vn Estre spirituel, mais vn Estre borné & finy qui est tellement renfermé dans la prison de ce monde, qu'il n'est point au delà, de sorte que si nous supposons quelqu'vn hors du Monde, il pourra dire, voila les bornes du grand Dieu, il ne s'estend point plus loin, ce sont là les frontieres de ce Roy du Ciel & de la Terre, c'est là où il exerce la Sphere de son actiuité, c'est là le lieu où il a son centre & sa circonference d'égale estendüe auec le Monde : On peut mesme à cause de la coexistence spirituelle de Dieu auec le Monde luy donner la figure ronde, & tomber dans l'inconuenient des Platoniciens & des Stoïciens, ausquels on reprochoit qu'ils estoient assez grossiers de figurer leur Dieu comme vne boule.

Il sera donc beaucoup plus seur d'admettre par de là le Monde des espaces infinis, & ne pas renfermer Dieu dans ce Monde, afin que nous puissions dire auec le Prophete royal que le Seigneur est si grand, que son estenduë est sans fin & sans bornes, & auec la Theologie que Dieu est vn Estre immense, dont le centre est par tout, & la circonference en aucun lieu; ce qui me fait croire qu'on ne peut sans erreur, & sans impieté la renfermer, comme font nos aduersaires, dans les limites du Monde. On pourra répondre que Dieu est immense, parce qu'il a vne Nature infinie en toutes sortes de perfections, & qu'il est present aux Creatures par vne denomination exterieure, & qu'il suffit pour n'estre pas borné qu'il puisse agir hors du Monde quand il luy plaira. Mais qui ne voit que l'infinité des perfections diuines & de sa Toute-puissance, n'est pas son infinité d'estendüe ou son immensité, qui estant essentiellement conceüe, comme vne grandeur doit, auoit vne telle longueur, largeur & profondeur, qu'elle ne puisse iamais estre mesurée ny bornée.

C'est autre chose d'estre tres-parfait en nature & en puissance, & autre chose d'estre estendu par tout & à l'infiny, qui est l'immensité, & d'estre estendu dans tous les temps qui est l'eternité. Tout ainsi qu'on conçoit fort bien qu'vne goutte de laict est tres-blanche & tres-douce, sans auoir l'estendüe necessaire pour remplir vn grand vase; de mesme on conceura que l'Essence diuine est tres-parfaite, & infiniment puissante, sans conceuoir qu'elle est immense, & qu'elle remplit toute sorte de lieux & d'espaces, & qu'elle est eternelle & presente à toute sorte de temps & de durée.

Il faut pourtant bien se donner de garde de se representer par l'immensité diuine vne estenduë diuisible & corporelle à la façon des corps; mais il n'y a aucun peril d'estendre Dieu d'vne estendüe spirituelle pour le rendre present en tous lieux & en tout temps par deux attributs, que la Theologie appelle l'immensité & l'eternité. Quand on demandera où estoit Dieu auant la creation du Monde, on peut répondre qu'il estoit dans les espaces infinis de son immensité, & qu'il estoit present à tous les temps de son eternité; mais comme son immensité & son eternité ne sont pas des choses reellement differentes de luy-mesme, on peut dire qu'il estoit en luy-mesme, & present à luy-mesme; ce qui n'empéche pas que nous le conceuions dans des temps & des espaces infinis, comme nous conceuons que tous les corps sont en eux-mesmes, & qu'ils ne laissent pas d'estre dans vn lieu & dans vn temps.

Ie puis adiouster qu'en establissant des espaces vuides au delà du Monde où Dieu reside, ie conçois facilement son immobilité, puis qu'estant present par tout il ne peut iamais changer de place, au lieu que nos aduersaires ne peuuent empescher que Dieu ne soit meu auec le monde s'il change de place, comme l'Ame est meuë par le mouuement du corps, ou qu'il ne se meuue par la production d'vn nouueau monde en occupant vn espace où il n'estoit pas present auparauant. Si nous conceuons que Dieu n'estoit pas auant la creation dans l'espace que ce Monde occupe, & qu'il n'y soit plus quand il l'aura détruit, comment le pourrons-nous conceuoir immobile? Ils ne peuuent répondre autre chose sinon que Dieu estoit en luy-mesme auant le Monde, & qu'il rentrera en luy-mesme apres qu'il sera destruit; ce qui suppose vn mouuement par l'entrée & la sortie de son essence hors du monde. Outre qu'il est impossible à l'esprit humain de conceuoir quelqu'Estre qui existe, & qui ne soit en aucun lieu; car tout ce qui est en soy-mesme ne laisse pas d'estre quelque part.

Ceux qui admettent des espaces infinis conçoiuent Dieu tousiours immobile, prest à creer des Mondes tant qu'il voudra sans qu'il luy arriue aucun changement, estant present aux corps qu'il penetrera dans ces espaces où il les voudra placer. Il pourra mouuoir le Monde & luy estre toûjours present sans changer de lieu, & sera par cette immensité intimement present par tout.

S'ils nous reprochent que Dieu seroit logé dans le neant des espaces imaginaires, nous leur répondrons qu'elles ont leur realité. S'ils disent que Dieu y seroit oisif, ie leur répond qu'il est eternellement occupé à se contempler & à s'aimer dans tous les lieux de son immensité : Que s'il n'y produit pas au dehors tout ce qu'il y peut produire, c'est qu'il est libre & independant, & par consequent maistre de ses actions.

Concluons de la doctrine precedente, que Descartes a voulu se sauuer par vne equiuoque qui ne declare rien, quand il a dit que le Monde n'estoit ny finy ny infiny, mais indefiny, qui est autant comme s'il auoit dit; ie ne veux pas m'expliquer touchant les espaces imaginaires ou le Vuide exterieur du Monde, qui resulte de l'opinion qui le tient finy. L'ignorance, ou plustost l'echapatoire de ce Philosophe à ne point definir le Monde, n'est pas vne preuue qu'il ne soit infiny ou finy. Comme il ne peut estre infiny à cause qu'il est creé & distingué de Dieu, il reste qu'il soit finy, & par consequent qu'il y ait des espaces vuides au delà de ses bornes, qui pour estre inconceuables aux Cartesiens n'en sont pas moins veritables.

Apres auoir estably le Vuide exterieur & separé du monde, il nous faut prouuer qu'il y a vn autre Vuide parsemé dans la Nature entre tous les petits corps insensibles qui la composent. Ces petits espaces vuides qui sont entre les Atomes sont si petits, qu'ils sont insensibles, & qu'ils ne peuuent estre apperçeus que par les yeux de l'esprit: Nous les pouuons representer comme des petits pores ou des interstices qui sont entre les corps pour leur donner passage & mouuement. On les compare ordinairement aux petits interualles qui sont entre des grains de bled dans vn muid, lesquels ne laissent pas d'estre remplis d'vn air qui se glisse entre les parties & les angles qui ne se peuuent ioindre.

Les preuues du Vuide parsemé dans le monde.

La premiere raison qui prouue le Vuide parsemé dans tous les corps est tirée du mouuement local, qui ne se peut faire dans vn lieu plein si on n'admet la penetration des corps, qui naturellement est impossible. Car pour qu'vne chose puisse estre meuë, il faut qu'elle ait vn lieu vuide où elle puisse arriuer ; & si tout est plein & qu'il n'y ait point de penetration, vn corps sera tousiours soutenu ou repoussé d'vn autre corps, & partant il n'y aura point de mouuement ; d'où Lucrece a pris occasion de dire.

Quod si non esset [sup. le inane] *, nulla ratione moueri*
Res possent, namque officium quod corporis extat,
Officere, atque obstare, id in omni tempore adesset
Omnibus haud igitur quicquam procedere posset,
Principium quoniam cedendi nulla daret res.

S'il n'y a point de Vuide l'Vniuers sera vne masse de corps si serrée & si solide, qu'elle ne sera pas capable de receuoir dans son sein le moindre petit corps sans penetration. Car si tout est plein, il ne restera aucun espace à remplir, d'où vient qu'il ne pourra plus admettre aucun corps sans qu'il en penetre vn autre, ce qui naturellement est impossible. C'est pourquoy s'il s'il y a du mouuement dans vn lieu plein, il faut qu'vn corps pousse vn autre corps & qu'il le deplace : Mais où le pourra-il repousser si toute la nature est pleine ? ce qui me feroit iuger qu'vne chose seroit tellement vnie & embarrassée auec les autres qu'elle ne se pourroit mouuoir, & partant qu'il n'y auroit aucun changement dans la nature, parce que tout ce qui s'y produit se fait par le mouuement local.

On n'est pas receuable à répondre que lors qu'vn corps se meut il en pousse d'autres qui sont fluides, & qui viennent à remplir le lieu qui est abandonné à mesure qu'ils sont poussez par le corps mobile. Car on ne peut iamais dire que l'air, par exemple, qui nous precede, s'écarte pour nous donner passage, & qu'il fasse vn circuit pour nous suiure, ou qu'il pousse ses parties voisines à le faire; d'autant que cela ne peut arriuer sans l'impulsion premiere du corps mobile qui ne peut pousser tant qu'il sera sans mouuement, & il n'aura iamais de mouuement quand il sera dans vn lieu plein où il sera fixé de tous les corps qui l'enuironnent. Ie voudrois bien demander à ceux qui admettent du mouuement dans le plein, où ils veulent sans penetration faire retirer tous les corps qui doiuent estre deplacez, si tous les espaces qui les enuironnent sont remplis ? Si la penetration est également impossible de tous les costez dans vn lieu plein, qui determinera vne chose à aller plustost d'vn costé que de l'autre, qui fera venir les corps poussez par deuant en derriere par vn mouuement local qui ne se peut faire en vn instant, s'il ne se fait dans cet instant-là vn Vuide capable de receuoir le corps qui a esté poussé.

Pour mieux comprendre cette verité, representons-nous le mouuement qui se fait dans l'eau ou dans l'air semblable à celuy qui se fait quand on coule la main le long d'vn tas de bled. Il est certain que lors que la main s'auance elle pousse des grains de bled qui en font mouuoir d'autres qui remplissent peu à peu l'espace qu'elle a quitté : mais comme cette succession ne se fait qu'auec le temps, & qu'il faut de la succession, afin que les grains anterieurs communiquent leur mouuement aux grains qui remplissent l'espace que la main abandonne, il faut auoüer qu'il s'y fait du Vuide pour quelque temps, autrement il faudroit admettre la succession circulaire des grains poussez en vn instant, ce qui repugne à la Nature du mouuement local.

Il n'est pas question de répondre que dans le mouuement quand vn corps s'auance il repousse vn corps fluide qui luy obeït, puis que la difficulté est de le faire commencer à mouuoir, & de faire qu'vn corps en déplace tant d'autres en vn instant. C'est pourquoy la circulation des corps liquides dans le mouuement expliquée par Descartes n'est qu'vn paralogisme appuyé sur vne fausse supposition qu'vn corps peut commencer à se mouuoir sans le Vuide. Escoutons Lucrece qui la refute par ces Vers.

Scilicet id totum falsa ratione receptum est,
Nam quò squammigeri poterunt procedere tandem,
Ni spatium dederint latices ? concedere porrò
Quo poterunt vndæ, cum pisces ire nequibunt ?

Si les poissons qui sont dans l'eau ne peuuent laisser vn lieu vuide apres eux, comment est-ce que l'eau s'y glissera. Ce qui fait conclure ce raiſonnement par Lucrece en cette ſorte.

Aut igitur motu priuandum eſt corpora quæque.
Aut eſſe admiſtum dicendum in rebus Inane,
Vnde initium primum capiat res quæque mouendi.

Pour preſſer dauantage cet argument, il faut conſiderer qu'vn corps ne peut iamais pouſſer d'autres corps s'il ne s'auance ; & quand il ne s'auanceroit que de la milliéme partie de la groſſeur d'vn cheueu, auant que de pouſſer, il y auroit de neceſſité vn peu de penetration. Car s'il n'y a point de penetration par l'anticipation d'vn corps ſur vn autre, il faudra que le corps mobile demeure fixe. I'adioute que les corps pouſſez par le mobile ne peuuent remplir ny ſucceder à vn lieu plein qui n'en peut receuoir d'autres que ceux qu'il contient ; Il faut donc que les corps qui ſuccedent par les coſtez viennent remplir vn lieu vuide, & par conſequent le mouuement ſuppoſe du Vuide. Cette derniere inſtance ſe confirme par ce raiſonnement, il faut que le corps qui precede le mobile ſoit pouſſé auant que celuy qui le ſuit par les coſtez ſoit placé. & partant dans ce temps-là il y aura vn eſpace vuide, puis qu'au meſme temps qu'vn baſton s'auance, il laiſſe vn nouuel eſpace apres luy.

La 2. raiſon eſt tirée de la compreſſion de l'air qui ſe fait dans vne arquebuſe à vent qui prouue l'exiſtence de certains petits eſpaces vuides contenus entre les angles des Atomes qui compoſent l'air. Car ſi dans le canon à vent l'air eſtoit plein, il y auroit autant de parties d'air qu'il y en a d'eſpace ; ainſi s'il y auoit mille parties d'air, il y auroit dans le canon auant que l'air ſe comprime, mille eſpaces égaux à ces mille parties d'air, d'où il s'enſuit que les parties de l'air qui ſe comprime en la moitié moins d'eſpace qu'auparauant, occuperoient la moitié moins d'eſpace, & partant que deux parties d'air ou pluſieurs Atomes dont il eſt compoſé, occuperoient vn meſme lieu & qu'ils ſe penetreroient ; autrement il falloit qu'auant la compreſſion de l'air vn meſme corps occupaſt deux lieux, ce qui eſt encore impoſſible.

Il eſt donc plus vray-ſemblable que la compreſſion qui reduit l'air en moins d'eſtendüe ne le fait qu'en approchant les Atomes angulaires qui le compoſent, & en deſtruiſant par ce reſerrement les Atomes à vn moindre eſpace, afin que leurs angles eſtant preſſez ils faſſent le reſſort qui eſt la cauſe veritable de la violence qui pouſſe la fleche ou la bale dans cette machine pneumatique. Il eſt auſſi facile de conceuoir que les Atomes de l'air comprimé s'aprocheront en detruiſant le Vuide, qu'il eſt aiſé à comprendre comment des grains de ſel qui ont differens angles, ſe reſerrent en vn plus petit volume quand on ſecouë le ſac où ils ſont, ou qu'on le preſſe.

La 3. raiſon ſera priſe de l'Eolipile rẽplie en partie d'eau & en partie d'air, qui doit receuoir du vuide lors qu'elle eſt appliquée au feu, & que par vn petit trou il ſort vne ſi grande abondance d'air & d'eau, qu'il faut neceſſairement qu'il ſe faſſe des eſpaces vuides entre les parties qui ſont ſouleuées & rarefiées par le feu ; car cette machine ne peut pas faire ſortir tant de corps ſans en receuoir, qu'il n'y reſte des eſpaces vuides ; car les eſpaces estoient d'égale estendüe auec les corps de l'air & de l'eau : Il faut donc, s'il en sort, comme l'experience le fait voir, conclure qu'il y a du vuide, ou que chaque corps qui demeure dans ce vase occupoit deux lieux.

On ne peut pas dire qu'à mesure que l'eau & l'air sortent par ce petit orifice auec impetuosité, qu'il y a vn autre air qui entre en la place, d'autant que ces deux corps, se rencontrant ou s'arresteroient les vns les autres, ou il y auroit penetration. On ne peut dire aussi que les corps ignées qui passent au trauers de l'Eolipile, occupent les espaces qui sont abandonnez par les parties de l'air & de l'eau qui s'enuolent, d'autant que les corps en sortent aussi-tost par vn mouuement precipité, apres qu'ils ont dilaté les corps qui y restent, & qu'ils les ont assez estendus pour y faire du Vuide.

La dilatation de la poudre qui brusle dans vn canon qui tire, prouue la mesme chose, puis qu'elle se met en plus grand volume lors qu'elle est enflammée, & qu'elle pousse auec tant de violence l'air & tout ce qui est dans le canon, qu'il demeure en partie vuide iusques à ce que l'air y soit rentré.

La 4. raison est fondée sur la rarefaction & la condensation qui ne se peuuent expliquer sans qu'on admette le Vuide. Car si la condensation est la reduction d'vn corps d'vne plus grande estendüe à vne plus petite, il faut qu'il laisse certains interualles vuides ; & si la condensation est l'estendüe d'vn corps qui d'vn plus petit espace se reduit à vn plus grand, il faut qu'il se fasse de petits espaces vuides entre les Atomes dont il est composé. Car de faire sortir des corps des choses qui se condensent, ou d'en faire entrer dans celles qui se rarefient, c'est prendre l'accroissement ou la diminution pour la rarefaction & pour la condensation.

Si quelqu'vn dit qu'à mesure qu'vn corps se rarefie dans la Nature, vn autre se condense, & que les parties de l'vn entrent dans celles de l'autre, c'est mettre tous les corps dans vne parfaite reciprocation, ou vne fluctuation inconceuable (comme dit Xuthus) & c'est vn songe de croire que quand l'eau bout à Paris & se rarefie en air, il y ait de l'air à la Chine qui se condense en eau. Outre qu'il y aura la difficulté qui resulte du mouuement local qui est necessaire pour la rarefaction & la condensation. Il est aussi ridicule de soustenir qu'vn corps en se rarefiant pousse des parties au dehors & recule les parties d'air voisines, qui estant pleines, en reculent d'autres iusqu'au Ciel, qu'il faudra rompre s'il est solide, pour placer ces matieres qui seront reculées les vnes par les autres.

La 5. raison qui establit tres-clairement le Vuide se tire d'vne experience où l'on prend vn vase spherique fait d'vn metail qui ne se puisse étendre tel qu'est l'argent, le cuiure, l'airain ou le fer blanc qu'on remplit d'eau, & apres on le seelle si bien que le corps renfermé n'en puisse sortir. Cela supposé, l'experience est manifeste qu'on peut changer cette figure ronde qui est la plus capable de contenir de toutes les autres, & l'enfoncer, & faire plusieurs angles internes ou rentrans qui osteront de l'espace à l'eau contenuë, dont les parties se penetreront si on ne suppose qu'il y eust de l'air auparauant que cette boule pleine eust esté enfoncée en plusieurs endroits. Ainsi si auant la contusion du vaisseau il y auoit mille parties d'espaces pour répondre aux mille parties d'air, il n'y en aura apres que neuf cent d'espaces pour contenir les mille parties d'air, qui ne pourroient auoir esté pressées sans penetration s'il n'y auoit eu du Vuide.

Pour faire voir que les Atomes qui sont les corps de l'eau ont esté poussez par la destruction de la plus-part des espaces vuides qui estoient entre deux; c'est que ces Atomes sont en vn estat violent, & cause le ressort dans cette compression, qui fait sortir l'eau auec violence de ce vase à la moindre petite ouuerture.

La 6. raison est appuyée sur l'experience de la lumiere, dont vne partie ne penetre que les corps trāsparens que parce que ces corps lumineux tombent sur des espaces vuides, & l'autre ne se reflesçhit que parce qu'elle rencontre des corps impenetrables dans le verre. Mais ces belles & vtiles experiences seront examinées à fond en leur lieu, aussi bien que toutes les autres alterations & changemens qui supposent l'existence du Vuide.

La 7. raison est prise de la legereté & de la pesanteur des corps, qui ne se peut expliquer que parce qu'ils ont plus ou moins de vuide. Car si le poids est vne proprieté de la matiere, là où il y aura plus de matiere, il y aura vne plus grande pesanteur.

La 8. raison est prise de Lucrece qui prouue le Vuide par l'espace de deux corps fort pleins & fort polis, suspendus perpendiculairement, qui se peuuent détacher les vns des autres, mais auec peine, à cause du poids de l'air; d'où il s'ensuit que l'air arriuant aux extremitez auant que d'estre au milieu, on trouuera vn instant dans lequel il y aura du Vuide.

La 9. raison est tirée de l'illumination du Soleil qui ne pourroit enuoyer sa lumiere, qui est vn corps, iusqu à nous, s'il n'y auoit du vuide dans l'air pour donner passage aux rayons qui nous viennent éclairer. Car autrement il y auroit penetration des Atomes lumineux auec les Atomes de l'air, qui non obstant leur transparence reietteroient la lumiere & l'arresteroient à cause de leur profondeur, comme vn morceau de verre fort épais, ou bien dix ou douze mis les vns sur les autres, deuiennent opaques, & refléchissent entierement la lumiere du Soleil. Ce que nous expliquerons plus amplement en son lieu.

La dixiéme & derniere raison qui prouue euidemment le Vuide, est fondée sur la solidité des Atomes & leurs differentes figures qui ne se peuuent si bien aiuster ensemble, que toutes leurs faces & leurs angles s'aprochent si prés les vns des autres, qu'ils ne se trouue du Vuide intercepté entre ces corps solides & angulaires. Que si les Atomes sont ronds ou approchans de la figure ronde, tels que sont tous les Atomes du feu, & des corps fluides & legers, comme de l'air & de l'eau, alors ils se toucheront en si peu d'endroits, qu'ils formeront vn corps fort rare & fort leger, & par consequent fort parsemé de petits interualles vuides entre ces corps. Il ne sert de rien aux Cartesiens d'auoir inuenté vne matiere subtile pour remplir ces vuides interceptez, puis que cette matiere subtile auroit encore des parties à remplir par vne plus subtile, & celle-cy par vne autre iusqu'à l'infiny. D'où ie conclus que le mouuement laissera tousiours plus de trous interceptez entre les parties des matieres subtiles, qu'ils n'y pourront mettre de cheuilles pour les remplir.

FIN.

www.ingramcontent.com/pod-product-compliance
Ingram Content Group UK Ltd.
Pitfield, Milton Keynes, MK11 3LW, UK
UKHW020332180726
13839UKWH00002B/667

9 782329 383781